FRENCH BUSINESS CORRESPONDENCE

In the same series

German Business Correspondence
Paul Hartley and Gertrud Robins

Italian Business Correspondence
Vincent Edwards and Gianfranca Gessa Shepheard

Spanish Business Correspondence
Michael Gorman and María-Luisa Henson

*French Business Situations**
Stuart Williams and Nathalie McAndrew-Cazorla

*German Business Situations**
Paul Hartley and Gertrud Robins

*Italian Business Situations**
Vincent Edwards and Gianfranca Gessa Shepheard

*Spanish Business Situations**
Michael Gorman and María-Luisa Henson

Manual of Business French
Stuart Williams and Nathalie McAndrew-Cazorla

Manual of Business German
Paul Hartley and Gertrud Robins

Manual of Business Italian
Vincent Edwards and Gianfranca Gessa Shepheard

Manual of Business Spanish
Michael Gorman and María-Luisa Henson

*Accompanying cassettes available

FRENCH BUSINESS CORRESPONDENCE

**Stuart Williams
and
Nathalie McAndrew-Cazorla**

LONDON AND NEW YORK

Stuart Williams is Principal Lecturer at the School of Languages and European Studies, University of Wolverhampton.

Nathalie McAndrew-Cazorla works in public relations for an international bank.

In the preparation of this handbook every effort was made to avoid the use of actual company names or trade names. If any has been used inadvertently, the publishers will change it in any future reprint if they are notified.

First published 1996
by Routledge
2 Park Square, Milton Park, Abingdon, Oxfordshire OX14 4RN

Simultaneously published in the USA and Canada
by Routledge
711 Third Avenue, New York, NY 10017

First issued in hardback 2016

Routledge is an imprint of the Taylor & Francis Group, an informa business

© 1996 Stuart Williams and Nathalie McAndrew-Cazorla

Typeset in Rockwell and Univers by Solidus (Bristol) Ltd

All rights reserved. No part of this book may be reprinted or reproduced or utilized in any form or by any electronic, mechanical, or other means, now known or hereafter invented, including photocopying and recording, or in any information storage or retrieval system, without permission in writing from the publishers.

British Library Cataloguing in Publication Data
A catalogue record for this book is available from the British Library

Library of Congress Cataloguing in Publication Data
Williams, Stuart, 1937–
  French business correspondence/Stuart Williams and Nathalie McAndrew-Cazorla.
    p. cm.
  1. French language–Business French. 2. Commercial correspondence, French. I. McAndrew Cazorla, Nathalie, 1965–
  II. Title.
PC2120.C6W475   1996
448.2'421'02465–dc20   96–33796

ISBN 13: 978-1-138-14065-3 (hbk)
ISBN 13: 978-0-415-13712-6 (pbk)

Publisher's Note
The publisher has gone to great lengths to ensure the quality of this reprint but points out that some imperfections in the original may be apparent

Contents

French business correspondence   2
      Professional letter layout

1. Enquiry about a product   6
   Demande d'information concernant un produit
2. Enquiry about prices   8
   Demande de renseignements au sujet des prix
3. Enquiry about a company   10
   Demande de renseignements au sujet d'une entreprise
4. Enquiry about a person   12
   Demande de renseignements au sujet d'un candidat
5. Enquiry asking for a specific quote   14
   Demande d'un devis
6. Soliciting an agency   16
   Proposer ses services
7. Requesting information about agents   18
   Demande de renseignements concernant les dépositaires
8. Giving information about agents   20
   Donner des renseignements au sujet d'agents
9. Request for a business reference   22
   Demande d'une lettre de recommandation concernant une entreprise
10. Favourable reply to request for a business reference   24
    Lettre de recommandation favorable au sujet d'une entreprise
11. Unfavourable reply to request for a business reference   26
    Lettre de recommandation défavorable au sujet d'une entreprise
12. Evasive reply to request for a business reference   28
    Lettre de recommandation évasive au sujet d'une entreprise
13. Placing an order   30
    Passer une commande
14. Cancellation of order   32
    Annulation de commande
15. Confirming a telephone order   34
    Confirmer une commande passée par téléphone
16. Making an order for specific items of office equipment   36
    Faire une commande pour des articles de bureau bien précis

17	Acknowledgement of an order *Confirmation de la réception d'une commande*	38
18	Payment of invoices – Letter accompanying payment *Règlement de factures – Lettre accompagnant le règlement*	40
19	Payment of invoices – Request for deferral *Règlement de factures – Demande d'un règlement différé*	42
20	Payment of invoices – Refusal to pay *Règlement de factures – Refus de payer*	44
21	Apologies for non-payment *Excuses pour faute de règlement*	46
22	Request for payment *Demande de règlement*	48
23	Overdue account – First letter *Compte arriéré – Première lettre*	50
24	Overdue account – Final letter *Compte arriéré – Dernière lettre*	52
25	Job advertisement – Letter to newspaper *Offre d'emploi par petite annonce – Lettre de demande de parution au journal*	54
26	Newspaper advertisement *Annonce*	56
27	Asking for further details and application form *Demander de plus amples informations et un formulaire de candidature*	58
28	Job application *Offre de candidature*	60
29	Curriculum vitae *Curriculum vitae*	62
30	Unsolicited letter of application *Lettre de candidature spontanée*	66
31	Interview invitation *Invitation à une entrevue*	68
32	Favourable reply to job application *Réponse favorable à une offre de candidature*	70
33	Unfavourable reply to job application *Réponse défavorable à une offre de candidature*	72
34	Requesting a reference for an applicant *Demande d'une lettre de recommandation pour un candidat*	74
35	Providing a positive reference for an employee *Fournir une lettre de recommandation positive pour un employé*	76

| 36 | Acceptance letter
Lettre d'acceptation | 78 |
|---|---|---|
| 37 | Contract of employment
Contrat de travail | 80 |
| 38 | Enquiring about regulations for purchase of property abroad (memo)
Demande de renseignements concernant les règlementations pour l'achat de propriétés à l'étranger (mémo) | 84 |
| 39 | Advising of delay in delivery (telex)
Avis de retard de livraison (telex) | 86 |
| 40 | Seeking clarification of financial position (fax)
Demande de renseignements concernant la situation financière d'un client (télécopie) | 88 |
| 41 | Reporting to client on availability of particular property (fax)
Prévenir un client de la disponibilité de locaux d'activité (télécopie) | 90 |
| 42 | Complaining about customs delay (fax)
Plainte au sujet des services de dédouanement (télécopie) | 92 |
| 43 | Stating delivery conditions
Exposer ses conditions de livraison | 94 |
| 44 | Confirming time/place of delivery
Confirmer la date et le lieu d'une livraison | 96 |
| 45 | Checking on mode of transportation
Choix d'un moyen de transport | 98 |
| 46 | Claiming for transportation damage
Demande d'indemnité pour dégâts à des marchandises en transit | 100 |
| 47 | Enquiring about customs clearance
Demande de renseignements concernant les formalités douanières | 102 |
| 48 | Undertaking customs formalities
Se familiariser avec les formalités douanières | 104 |
| 49 | Informing of storage facilities
Informer un client d'une possibilité d'entreposage | 106 |
| 50 | Assuring of confidentiality of information
Promettre la confidentialité au sujet de renseignements donnés | 108 |
| 51 | Informing a client on conditions of loans/mortgages available
Informer la clientèle des prêts logement disponibles sur le marché | 110 |
| 52 | Circulating local businesses with property services available
Circulaire adressée aux entreprises de la région concernant les services immobiliers disponibles | 112 |
| 53 | Advertising maintenance services available for office equipment
Promouvoir ses services d'entretien pour le matériel de bureau | 114 |

54	Arranging a meeting for further discussions	116
	Organiser une réunion pour de plus amples discussions	
55	Reservations – Enquiry about hotel accommodation (fax)	118
	Réservations – Demande de renseignements au sujet de chambres d'hôtel (télécopie)	
56	Reservations – Confirmation of reservation (fax)	120
	Réservations – Confirmation d'une réservation	
57	Reservations – Change of arrival date	122
	Réservations – Modification d'une arrivée	
58	Reservations – Request for confirmation of reservation	124
	Réservations – Demande de confirmation d'une réservation	
59	Insurance – Request for quotation for fleet car insurance	126
	Assurance – Demande d'un devis pour assurer des véhicules de fonction	
60	Insurance – Reminder of overdue premium	128
	Assurance – Rappel pour le règlement d'une prime	
61	Insurance – Submission of documents to support claim	130
	Assurance – Soumission de documents pour la déclaration d'un accident de voiture	
62	Insurance – Taking out third party vehicle insurance	132
	Assurance – Prendre une assurance voiture au tiers	
63	Insurance – Refusal to meet claim	134
	Assurance – Refus d'allocation d'indemnités	
64	Considering legal action	136
	Informer du désir d'intenter une action en justice	
65	Requesting information on setting up a plant abroad	138
	Demande d'informations au sujet de l'implantation d'une usine à l'étranger	
66	Complaint about delay in administering an account	140
	Plainte concernant un retard de gestion d'un compte	
67	Complaint about mail delivery	142
	Plainte au sujet de la distribution du courrier	
68	Complaint about wrong consignment of goods	144
	Plainte au sujet de l'envoi des mauvaises marchandises	
69	Complaint about damage to goods	146
	Plainte au sujet de dégâts subis par des marchandises	
70	Informing customers that a company has been taken over	148
	Informer la clientèle que l'entreprise a été reprise	
71	Informing customers of change of name and address	150
	Informer la clientèle d'un changement de nom et d'adresse	

72	Informing customers of increased prices *Informer la clientèle d'une augmentation des prix*	152
73	Requesting information about opening a business account *Demande de renseignements concernant l'ouverture d'un compte bancaire pour entreprise*	154
74	Requesting information about opening a personal bank account *Demande d'information concernant l'ouverture d'un compte personnel*	156
75	Letter re overdrawn account *Letter au sujet d'un compte à découvert*	158
76	Bank's letter to customer *Lettre d'une banque adressée à un client*	160
77	General query about banking *Demande d'informations d'ordre général concernant les opérations bancaires courantes*	162
78	Enquiry about post office banking facilities *Demande de renseignements au sujet des opérations bancaires courantes réalisées par la Poste*	164
79	Enquiry about opening a post office account *Demande de renseignements au sujet de l'ouverture d'un compte-chèques postaux*	166
80	Opening poste restante *Demander le service Poste Restante*	168

Business Correspondence

French business correspondence

Professional letter layout

1. Etablissements Dolla
   24, rue Anatole France
   33000 Bordeaux
   Téléphone: 33 90 04 04
   Télécopieur: 33 90 04 05

2. Augustin SA,
   Service commercial,
   Zone Industrielle de l'Empereur,
   19 200 Ussel,
   France

3. A l'attention de M. Xavier Martin, Attaché commercial.

4. Bordeaux, le ....

5. V/Réf.:
   N/Réf.:

6. Objet:

7. Monsieur,

8. Pierre Mancini
   Directeur Commercial

9. P.J. (2): - Un catalogue
   - Une liste de nos tarifs

10.

1 Sender details

Placed at the top of the letter, on the left-hand side, this section gives the name, the address, the telephone/fax/telex numbers.

A company would give these details preceded by its logo. The presentation would vary but always remain at the top of the letter.

2 Addressee details

These are always placed on the right-hand side of the page (ranged right). They can either be aligned left (as shown on the example) or aligned right on the longest line.

They can include the name and the title of the addressee, followed by the company name, the department to which the addressee belongs and the address, in that order.

3 Addressee

If the name and title of the addressee have not been mentioned in 2, they can be set as *A l'attention de...* ('for the attention of'). This is a more formal layout.

4 Date

This is positioned on the right-hand side, below the addressee's address. The place of writing always appears, followed by the date. Two solutions are possible: *Bordeaux, le 18/04/199-* or *Bordeaux, mardi 18 avril 199-*.

5 References

V/Réf. (*Votre référence*/Your reference)
N/Réf. (*Notre référence*/Our reference)
Code references are given here.

6 Object of the letter

Gives information on subject treated in the letter.

7 Body of the letter

The title appears in full only if it is official (*Monsieur le Président*). For all other cases, only mention *Monsieur* or *Madame* or *Mademoiselle*. Make sure you use the same title in the formal ending.

If you do not know the name of the addressee, start your letter with *Messieurs* or *Madame, Monsieur*.

In French, *cher* is much less used than its English equivalent 'Dear' and indicates a friendship, although it can be used as *Cher collègue* when writing to a member of your confraternity, e.g. another architect, or *Cher Client* (a customer to be buttered up).

Each paragraph of the letter is separated from the previous one by a double space. The last paragraph is always a formal ending, using one of the many possible formulas (see list pp. 285–6).

8 Signing off

A space of 5 lines is left for the handwritten signature. Underneath will be typed the name of the author of the letter and the title will be mentioned on the line below.

9 Enclosures

P.J. means *Pièces Jointes*/enclosures. Always mention the number and the designation of the documents enclosed with your letter.

P.J. can be replaced by *Annexe(s)* if the letter is the introduction to the enclosed document.

P.J. can be followed by *P.S.* (*post-scriptum*/postscript) to add further details.

10 Company data

Companies have to include some information on the bottom of their letterheads. The following items would have to appear:

(a) Status of the company (*Forme juridique*)
(b) Initial Company Capital (*au capital de . . .*)
(c) Chamber of Trade Registration Number (*Numéro d'inscription au répertoire des métiers*)
    Example: N°RCS: BORDEAUX A 596 145 524
(d) Code APE (*Activité principale exercée* – Main company activity number)
    Example: Code APE 7502
(e) SIREN Number (*Système Informatique du Répertoire des Entreprises*) made up of 9 digits.
    Example: N° SIREN: 596 145 524
(f) SIRET Number if applicable (*Système Informatique du Répertoire des Etablissements*).
    This number is issued when a company is comprised of more than one establishment. To all establishments depending on the same firm will be attributed a 14-digit number made up of the firm SIREN number (9 digits) plus 5 digits which will be specific to each establishment.
    Example: N° SIRET: 596 145 524 75 001
(g) VAT Number if applicable (*Numéro Opérateur TVA*)
    Example: N° Opérateur TVA: FR97 596 145 524
(h) Bank details if wished by the company

Head Office address and details if applicable can also be mentioned.

Please note that all numbers for the same company are originated from the SIREN Number.

Note on translations

The documents presented here in parallel text are not a word-for-word translation of each other. Owing to obvious differences in letter-writing style in France and the business terminology used, it is possible to offer only an equivalent version of the French documents in the English text.

1 Enquiry about a product

Augustin SA
Z.I. de l'Empereur
F-19200 Ussel
France

Dear Sir/Madam

RE: TOOTHPICK MAKING & PACKAGING MACHINE

We represent a major distributor of foodstuffs and related materials in Kenya.

We have found your name in *Kompass* under the category of suppliers of toothpick-making machinery. Our present requirement is for a special toothpick-making and packaging machine. If you do produce such equipment or can supply it we would be pleased to receive your earliest quotation CIF Mombasa, prices for this machine and its equipment, together with a stated delivery time.

Please would you also quote for the installation of this machine in the Ususu factory in Mombasa.

We look forward to your earliest reply and remain

Yours faithfully

John Mason
Technical Director

1 Demande d'information concernant un produit

Augustin S.A.[1]
Z.I. de l'Empereur[2]
19200 Ussel
France

Agrate Brianza, le –/–/199-[3]

Objet: Fabrication de cure-dents et machines à conditionner[4]

Madame, Monsieur,[5]

Nous représentons l'un des plus grands distributeurs de produits alimentaires et produits associés au Kenya.

Nous nous sommes procuré votre nom par l'intermédiaire du *Kompass*[6] dans la catégorie 'fournisseurs de machines à fabriquer des cure-dents'. Ce que nous recherchons actuellement est une machine spéciale capable de fabriquer et conditionner des cure-dents. Si vous produisez un tel outillage ou êtes en mesure de le fournir, nous serions heureux de recevoir votre devis CIF[7]/Mombasa dans les meilleurs délais (prix pour cette machine, l'outillage ainsi que la mention d'une date de livraison).

Nous vous serions également reconnaissants[8] de nous indiquer le coût de l'installation de cette machine dans l'usine d'Ususu à Mombasa.

Dans l'attente de votre prompte réponse, je vous prie d'agréer, Madame, Monsieur, l'expression de mes salutations distinguées.[9]

Gianni Mussini,
Directeur technique[10]

1 Addressee on the right.
2 *Z.I.: zone industrielle*.
3 It is standard practice to give place and date.
4 Subject of the correspondence, before the 'Dear Sir, etc'.
5 No word for 'dear' is included, unless there is a real friendship.
6 A business reference book.
7 CIF is the international code. It can translate into French as CAF: *coût, assurance, fret*.
8 The usual word for 'grateful'.
9 A standard ending.
10 Typically, the writer's position in the company.

2 Enquiry about prices

Bandani Detergenti SpA
Via A. Lamarmora 75
20093 COLOGNO MONZESE (MI)
Italy

Dear Sir/Madam

RE: QUOTATION RMS34/16 JAN 199-/TOILET CLEANSER

On 16 January we received a quotation from your company for the supply of 4,000 litres of industrial toilet cleanser and disinfectant. We were unable to justify ordering this at the time, because we had sufficient stocks remaining from our previous order at the end of last year.

We would like to enquire now if the prices quoted at the time are still valid for this commodity.

If you are unequivocably able to confirm that this is the case, please take this letter as an order for a further 10,000 litres. If there has been any increase in these prices, please fax this to us or phone the undersigned to enable us to proceed and agree a price in due course.

Yours faithfully

Dick DeZwart
Buyer

2 Demande de renseignements au sujet des prix

Détergents Bandini S.A.
10 promenade du Fort
14000 Caen[1]
France

Lauwe-Menen, le –/–/199-

Objet: Devis[2] RMS34/16 jan 199-/ Détergent pour toilettes

Madame, Monsieur,

Nous avons reçu de votre part, le 16 janvier dernier, un devis pour la fourniture de 4000 litres de détergent et désinfectant industriels pour toilettes. Nous ne pouvions pas justifier une telle commande à l'époque pour la bonne raison qu'il nous restait de notre commande de l'année précédente des stocks suffisants.

Nous aimerions savoir si les prix indiqués à cette époque sont toujours en vigueur pour ces produits.

Si vous pouvez confirmer sans équivoque que cela est le cas, veuillez considérer cette lettre comme une nouvelle commande de 10 000 litres. Si ces prix ont été sujets à une augmentation, veuillez les télécopier ou téléphoner au soussigné afin que nous puissions[3] aviser[4] et nous mettre d'accord sur un prix en temps voulu.[5]

Vous en remerciant par avance, nous vous prions d'agréer, Madame, Monsieur,[6] l'expression de nos salutations distinguées.

F. DeZwart
Responsable des achats

1 Postcode (*indicatif*) and town.
2 *Un devis*: 'a quote', 'an estimate of cost'.
3 'So that we might': subjunctive.
4 *Aviser*: 'to consider', 'to take stock'.
5 *En temps voulu*: a useful translation for 'in due course'.
6 *Madame, Monsieur*: you must reproduce exactly the form of address used at the beginning of the letter.

3 Enquiry about a company

Giardin Prati spa
Via Cassia Km 89
Val di Paglia
53040 RADICOFANI
Siena
Italy

Dear Sir/Madam

<u>RE: ORDER LAWN-IND/CZ28</u>

We refer to your quotation for 30 industrial mowing machines, model CZ28.

Our client is now eager to proceed with finalizing the order for this equipment as we are slowly approaching spring time. As we have never placed an order with your company, we would be grateful if you would provide us with your full audited accounts for the last four trading years.

Please ensure that the above accounts reach us within the next five working days, as we are eager not to miss the six-week delivery time which will enable us to have the equipment in our hands as soon as possible.

Yours faithfully

Sales Department

3 Demande de renseignements au sujet d'une entreprise

Le Tout Jardin
89 rue de Courtalain
28200 Châteaudun
France

Robbio Lomellina, le –/–/199-

Objet: Commande de tondeuses. Ref: Gazon-IND/CZ28

Messieurs,[1]

Nous nous référons à votre devis pour trente tondeuses industrielles, modèle CZ28.

Notre client est maintenant désireux de faire avancer cette commande du fait que nous nous rapprochons du printemps. Etant donné que nous n'avons encore jamais passé commande auprès de votre entreprise, nous vous serions reconnaissants de bien vouloir nous faire parvenir vos comptes contrôlés des quatre derniers exercices comptables.[2]

Nous vous serions très reconnaissants de vous assurer que ces derniers nous parviennent sous les cinq jours ouvrables[3] car nous sommes désireux de ne pas outrepasser les délais[4] de livraison de six semaines afin d'être en possession du matériel[5] le plus rapidement possible.

Vous en remerciant par avance, nous vous prions d'agréer, Messieurs, l'expression de nos salutations distinguées.

Luigi Ravanelli
Directeur des ventes

1 'Dear Sirs' is used when you do not know the name(s) of the people.
2 *Exercice (comptable)*: 'financial year'.
3 *Jours ouvrables*: 'working days', from the verb *ouvrer*.
4 *Délai* means 'time lapse' allowed for something, 'time limit'.
5 *Matériel* means 'equipment' rather than 'material'.

4 Enquiry about a person

27 September 199-

ROPER Industriale
Viale San Benedetto 39–43
20084 Lacchiarella
Milano

Dear Sirs

RE: Mr Samuel Smith

We write to you as a fellow producer of machine tools. We have recently received an application from Mr Samuel Smith of Reading (England) who is applying for a post as technical support engineer with our company. This gentleman has given us your company's name both as a previous employer and as a character referee.

From our reading of Mr Smith's CV he would appear most suitable for the post. However we are also keen that people should fit into our factory and we are most concerned that in his early twenties Mr Smith was a very active member of the European Pro-Whale Organization. We would appreciate your comments on this as we are keen to be better informed about this candidate.

Yours faithfully

Carlo Ruggeri
Personnel Manager

4 Demande de renseignements au sujet d'un candidat

Roper Industriel,
39–43 rue Saint Benoît,
77000 Melun,
France

Castelfranco, le 27 septembre 199-

Objet: M. Samuel Smith

Messieurs,

Je vous écris en tant que confrère fabricant de machines-outils. Nous avons récemment reçu la candidature de M. Samuel Smith, de Reading, qui désire pourvoir[1] chez nous le poste d'ingénieur du support technique. Ce monsieur nous a donné le nom de votre entreprise non seulement en tant qu'employeur précédent mais également comme étant à même de fournir une lettre de recommandation.

D'après la lecture du C.V. de M. Smith, il semblerait tout à fait approprié pour le poste à pourvoir. Cependant nous attachons beaucoup d'importance à ce que nos employés s'intègrent bien à l'usine. Le fait qu'il ait été, alors qu'il avait une vingtaine d'années,[2] un membre actif de l'Association Européenne pour la Protection des Baleines nous inquiète quelque peu. Nous aimerions connaître votre opinion à ce sujet car nous sommes très désireux d'en savoir plus sur ce candidat.

Vous en remerciant par avance, nous vous prions d'agréer, Messieurs, l'expression de notre meilleure considération.

Carlo Ruggeri
Propriétaire

1 *Pourvoir un poste*: 'to fill a (vacant) position'.
2 Literally, 'when he was about twenty'. (NB **j'ai** *vingt ans*: 'I **am** twenty'.)

5 Enquiry asking for a specific quote

15 September 199-

Sales Manager
OFFICE 2000
89–91 Scott Road
Olton
Solihull
West Midlands
B92 7RZ

Dear Sir/Madam

RE: LASER PHOTOCOPIER PR3000

We have been in correspondence with your company over the last six months and have in that time received a number of different quotations for different models of the industrial laser photocopying machines produced by your company. We have decided that the most suitable machine for our requirement is the PR3000.

We note however that your price of £4,000 is for one machine only. We are keen to purchase 20 printers of this particular model and we would like to know what discount you would make on an order of this magnitude.

We are also keen to know the delivery time for this equipment. If it were possible to deliver the printers in two separate batches of 10 each, we would require the first delivery in three months' time and the second some two months after that, when our new British office is set up in Cromer.

Yours faithfully

Luca Evangelista
Sales Manager

5 Demande d'un devis

Directeur des ventes,
OFFICE 2000,
89–91 Scott Road,
Olton,
Solihull,
West Midlands,
B92 7RZ

Paris, le 15 septembre 199-

Objet: Photocopieuse laser PR3000

Madame, Monsieur,

Voici six mois que nous sommes en communication avec votre entreprise et nous avons reçu, pendant cette période, plusieurs devis pour différents modèles de photocopieuses laser industrielles que vous fabriquez. Nous avons décidé que la machine la plus adaptée à nos besoins est la PR3000.

Nous avons cependant noté que votre prix de £ 4000,00[1] correspond à l'achat d'une seule machine. Nous aimerions acquérir 20 imprimantes du même modèle et aimerions connaître le montant de la ristourne[2] que vous pourriez appliquer pour une commande de cette importance.

Nous aimerions également connaître les délais de livraison pour ce matériel. S'il vous était possible de livrer les imprimantes en deux lots de 10, nous demanderions une première livraison dans trois mois et une seconde deux mois plus tard, lorsque nos bureaux britanniques de Cromer seront terminés.

Dans l'attente de votre réponse, nous vous prions d'agréer, Madame, Monsieur, l'expression de nos salutations distinguées.

Luc Evangéliste
Directeur des ventes

1 The French use a comma (*la virgule*) for a decimal point.
2 There are various words for 'discount': *ristourne, rabais, remise*.

6 Soliciting an agency

17 November 199-

Erwin Page plc
Electrical applicances & supplies
29 Landon Place
London
SE45 9AS

Dear Sirs

We have heard from business associates that you are looking for an agency for the promotion of your products in the US. We feel that we may be of assistance to you: we are a long-established agency with offices in the Midwest and on the West Coast, and we are experienced in the sale and promotion of domestic electrical equipment. We have helped several British firms to boost their US sales, and are convinced that you too could benefit from our experience. Our UK representative, Charles J Parker, would be pleased to call on you to discuss your needs further. You can contact him on 0171 745 4756. He will in any event be in your locality in the coming week, and will certainly take the opportunity of calling on you.

Yours faithfully

Peter Bowles

6 Proposer ses services

Eric Lang et Associés[1]
45 boulevard des Pyrénées
64000 Pau
France

Lawrence, le 17 novembre 199-

Messieurs,

Nous avons appris de nos associés que vous cherchez une agence qui puisse[2] se charger de la promotion de vos produits aux Etats-Unis. Nous pensons que nous pouvons vous aider: nous avons créé cette agence voici de nombreuses années et nous possédons des bureaux dans le Midwest et sur la côte ouest, et nous avons acquis une certaine expérience de la vente et promotion des appareils ménagers électriques. Nous avons aidé plusieurs entreprises anglaises à relancer leurs ventes aux Etats-Unis et nous sommes convaincus que vous aussi, vous pourriez bénéficier de notre expérience. Notre représentant en Grande-Bretagne, Charles J. Parker, se ferait un plaisir de vous rendre visite afin de discuter plus amplement de vos besoins. Vous pouvez le contacter au numéro de téléphone suivant: 1 97 45 47 56. De toute manière, il sera dans votre région la semaine prochaine et passera très certainement vous voir.

Nous vous prions de croire, Messieurs, à l'expression de nos sentiments les plus dévoués.

Peter Bowles

1 *Associés*: 'partners'.
2 'An agency which could/might promote' ... (subjunctive).

7 Requesting information about agents

Duperrier SA
24 avenue des Sylphides
Brignoles
83170 Var
France

Dear Sirs

RE: LÜTTICH GmbH

We have heard from colleagues that you have recently used the services of Lüttich GmbH as agents for your products in Germany. We are in a different line of business from yourselves, but I believe that Lüttich represents companies of various kinds. We are looking for agents in Germany and Switzerland for our stationery products. I should be grateful if you could let us have further information on the above-named firm. Any information you send us will be treated with the strictest confidence.

Yours faithfully

P Brandauer

7 Demande de renseignements concernant les dépositaires

Duperrier S.A.,
24 avenue des Sylphides
Brignoles
83 170 Var
France

Douvres, le –/–/199-

<u>Objet</u>: Lüttich GmbH

Messieurs,

Certains collègues nous ont appris que vous avez récemment utilisé les services de Lüttich GmbH comme dépositaires de vos produits en Allemagne. Nous sommes dans une branche différente de la vôtre, mais je crois que Lüttich représente des entreprises ayant différentes activités. Nous sommes à la recherche de dépositaires[1] en Allemagne et en Suisse pour nos fournitures de bureau.[2] Je vous serais donc très reconnaissant de bien vouloir nous communiquer[3] toute information que vous puissiez avoir sur l'entreprise mentionnée ci-dessus. Nous vous garantissons de garder l'information communiquée strictement confidentielle.

Vous en remerciant par avance, nous vous prions d'agréer, Messieurs, l'expression de nos salutations distinguées.

P Brandauer

1 An agent carrying stock.
2 Literally, 'office supplies'.
3 *De bien vouloir*: 'to be so good as to' ...

8 Giving information about agents

17 December 199-

Herrn H Pike
Heinrich Pittmann GmbH
Ofterdingenstraße 69
6800 Mannheim
Germany

Dear Mr Pike

RE: DIETER & HELLER

Thank you for your enquiry about the company Dieter and Heller, who have been agents for our products for several years. The company has represented our interests in Eastern and Central Europe very effectively and our sales in those regions have been buoyant as a result. You will find their Bonn-based manager, Max Lettmann, particularly helpful, and I am sure he will be interested in co-operating with you.

If you do contact him, don't hesitate to mention my name.

Yours sincerely

Maria Fischer

8 Donner des renseignements au sujet d'agents

> M. Henri Brochet
> Entreprise Pitmann
> 69 rue des Dieux
> 44110 Châteaubriant
> France
>
> Durham, le 17 décembre 199-

Objet: Dieter et Heller

Monsieur,

Nous vous remercions de votre lettre nous demandant des renseignements concernant l'entreprise Dieter et Heller, qui sont les agents que nous utilisons pour nos produits depuis[1] plusieurs années. L'entreprise a représenté nos intérêts en Europe de l'Est et Centrale de manière très efficace et grâce à elle,[2] nos ventes dans ces régions ont été très actives. Vous vous rendrez compte[3] que le Directeur de Bonn, Max Lettmann, est très serviable, et je suis sûre que la perspective d'une coopération[4] avec vous l'intéressera.

Si vous décidez de le contacter, je ne vois aucun inconvénient à ce que vous mentionniez[5] mon nom.

Veuillez agréer, Monsieur, l'expression de mes sentiments respectueux.

Maria Fischer

1 *Que nous utilisons depuis*: that we have been using.
2 Literally, 'thanks to her', i.e. *l'entreprise* (f.).
3 *Se rendre compte*: 'to realize'.
4 'That the prospect of co-operation...'.
5 'That you should (subjunctive) mention'...

9 Request for a business reference

CONFIDENTIAL

Mr G Le Blanc
Sales Director
Curtains & Blinds Ltd
PO Box 181
Croydon
CR0 5SN

Dear Mr Le Blanc

RE: CASELLACCI SpA

We would like to introduce our company as a major supplier of castors for office furniture. We have been approached by Casellacci SPA of Pisa as potential distributors of our products in the Italian market. Mr Casellacci has explained that he has been supplying your range of curtain fittings in the market for some fifteen years and has gained a proven track record of both successful sales and prompt payment with your company.

We are eager to proceed in the Italian market, but we wish to have some reassurance about this company, as we do not know either the company or the individuals concerned. It would appear that they are selling only high-quality products and that our range of castors would fit very well into their sales range.

We would appreciate your earliest comments and thank you in advance for providing this information, which we would treat in the utmost confidence.

Yours sincerely

Steve Watwood
Export Manager

9 Demande d'une lettre de recommandation concernant une entreprise

M. G. LE BLANC
Directeur des ventes,
Rideaux et Stores S.A.
B.P. 45
29900 Concarneau
France

New Malden, le –/–/199-

Objet: Casellacci S.P.A.[1] (Confidentiel)

Monsieur,

Notre entreprise est l'un des plus importants fournisseurs de roulettes pour meubles de bureau. Nous avons été contactés par Casellacci SpA de Pise qui se proposait de distribuer nos produits sur le marché italien. M. Casellacci nous a expliqué qu'il était le fournisseur de votre gamme d'équipements pour rideaux depuis plus de quinze ans et avait acquis une bonne réputation auprès de votre entreprise pour avoir vendu ces articles avec succès et avec des paiements à court délai.[2]

Nous sommes désireux d'aborder le marché italien, mais nous aimerions être tout à fait rassurés non seulement au sujet de cette entreprise que nous ne connaissons pas, mais aussi en ce qui concerne les personnes qui la composent. Il paraîtrait qu'ils ne vendent que des produits de haute qualité et que notre gamme de roulettes s'intégrerait parfaitement dans la gamme de produits offerts. Nous vous serions reconnaissants de nous faire parvenir vos vues dans les plus brefs délais[2] et vous assurons que ces informations seront traitées de manière strictement confidentielle.

Avec nos remerciements anticipés, veuillez recevoir, Monsieur, l'expression de mes salutations distinguées.

Steve Watwood
Directeur Exportation

1 S.P.A. or SpA: Italian abbreviation for *Società per Azioni*: 'limited company'.
2 Note use of phrases with *délai*.

10 Favourable reply to request for a business reference

Mr S Watwood
CASTASSIST
158–161 Cressex Estate
New Malden
Surrey
KT13 4EY

Dear Mr Watwood

RE: CASELLACCI SpA of Pisa

We thank you for your letter of 11 March, regarding the company Casellacci of Italy as potential distributors of your range of castors.

We have indeed been working with Casellacci now for 23 years and know both Andrea Casellacci and his son Antonio, who has become more active in the company over the last few years. Casellacci have a number of most competent sales personnel covering the whole of Italy and the surrounding islands and have obtained excellent results for our company against our large German competitors within the market. Casellacci have over this period of time proven to be most prompt in their payment. At the time of writing I cannot recall any undue delay in the settlement of their bills.

I have some awareness of your company and its products and I am sure they are suited to the Italian market. I hope the Casellacci company will prove a dependable and successful distributor for your product.

We hope you find this information sufficient to your requirements. Should you need any further details please do not hesitate to contact us.

Yours sincerely

George Le Blanc
Sales Director

10 Lettre de recommandation favorable au sujet d'une entreprise

Mr S Watwood,
Castassist
158–161 Cressex Estate,
New Malden,
Surrey,
KT13 4EY

Concarneau, le –/–/199-

Objet: CASELLACCI S.P.A. de Pise

Monsieur,

Nous vous remercions de votre lettre du 11 mars dernier concernant l'entreprise Casellacci en Italie comme distributeur potentiel de votre gamme de roulettes.

Nous travaillons effectivement avec Casellacci depuis maintenant 23 ans et nous connaissons bien Andrea Casellacci ainsi que son fils Antonio qui a pris une part de plus en plus active dans l'entreprise ces dernières années. Casellacci possède une équipe de vendeurs des plus compétents couvrant l'Italie entière ainsi que les îles environnantes et ils ont obtenu d'excellents résultats pour notre entreprise, et ce, battant la concurrence allemande sur le marché qui nous préoccupe.[1] Casellacci a prouvé pendant cette période qu'il était très rapide au niveau des paiements. A l'heure où je vous écris, je ne peux me souvenir d'aucun rappel concernant leurs règlements.[2]

Je connais votre entreprise et ses produits et je suis sûr qu'ils sont adaptés au marché italien.[3] J'espère que Casellacci se révélera être[4] sérieux et distribuera vos produits avec succès.

J'espère que vous jugerez ces informations suffisantes. Si toutefois vous aviez besoin de plus amples détails,[5] n'hésitez pas à nous contacter.

Vous en souhaitant bonne réception, je vous prie d'agréer, Monsieur, l'expression de mes salutations distinguées.

Georges le Blanc
Directeur des ventes

1 Literally, 'in the market that concerns us'.
2 *Régler* and *règlement*: 'to settle' and 'settlement' (of debt).
3 With words describing nationality, only the country and the inhabitant begin with capital letters.
4 Literally, 'will reveal itself to be'.
5 'If however you had need of ...'.

11 Unfavourable reply to request for a business reference

Mr S Watwood
CASTASSIST
158–161 Cressex Estate
New Malden
Surrey
KT13 4EY

Dear Mr Watwood

RE: CASELLACCI SpA OF PISA

We are in receipt of your letter regarding the company of Andrea Casellacci with whom you have been discussing the potential distribution of your products in the Italian market.

We must first ask you to accept our comments on this company in the most confidential terms. We have indeed been working with Casellacci for many years, but unfortunately six months ago Mr Andrea Casellacci was detained by the Italian police and certain irregularities within the company have come to light. A direct result of this situation, in our particular case, is that we have not received payment for the last three major shipments of goods to Casellacci, which were due at different times. We are at the moment in discussions with our solicitors who will be undertaking the appropriate action on our behalf.

As a result of this, therefore, although this company has performed successfully in the past, it is obviously not in a position to continue this work on our behalf and therefore would not be a suitable partner for you at this time.

Yours sincerely

George Le Blanc
Sales Director

11 Lettre de recommandation défavorable au sujet d'une entreprise

Mr S Watwood,
Castassist,
158–161 Cressex Estate,
New Malden,
Surrey,
KT 13 4EY.

Concarneau, le –/–/199-

Objet: CASELLACCI S.P.A. de Pise

Monsieur,

Nous avons bien reçu votre lettre concernant l'entreprise Andrea Casellacci avec qui vous avez discuté des possibilités de distribution de vos produits sur le marché italien.

Nous devons tout d'abord vous demander de considérer nos commentaires sur cette entreprise en toute confidentialité. Nous avons effectivement travaillé avec Casellacci pendant de longues années, mais malheureusement, il y a six mois, M. Andrea Casellacci a été interpellé[1] par la police italienne et certaines irrégularités au niveau de l'entreprise ont été découvertes. Le résultat direct de ce problème, pour notre part, fut[2] que nous n'avons pas été réglés pour les trois dernières livraisons de matériel à Casellacci qui étaient relativement importantes, et qui étaient payables à différentes dates. Nous sommes actuellement en discussion avec nos avocats qui prendront les mesures nécessaires en notre nom.

Ainsi nous pensons que, bien que cette entreprise ait obtenu des résultats tout à fait satisfaisants dans le passé, elle n'est, de toute évidence, pas apte à poursuivre ce travail pour nous et n'est pas actuellement un bon partenaire pour vous.

Vous souhaitant bonne réception de cette lettre,[3] je vous prie d'agréer, Monsieur, l'expression de mes salutations distinguées.

Georges le Blanc
Directeur des ventes

1 Literally, 'questioned'.
2 A past historic (*passé simple*): 'was'.
3 This phrase is added to give the following *formule de politesse* ('courtesy formula') a little more substance.

12 Evasive reply to request for a business reference

Mr S Watwood
CASTASSIST
158–161 Cressex Estate
New Malden
Surrey
KT13 4EY

Dear Mr Watwood

RE: CASELLACCI SpA OF PISA/ITALY

We are in receipt of your letter regarding the company Casellacci SpA with whom you have been discussing the distribution of your products in the Italian market.

Casellacci is a very good company, but we are concerned that they might have already stretched themselves with the selling of our products in Italy and we feel that, if they did take on your range of products, they would probably have to employ a further product manager and perhaps another half a dozen regional sales people in order to cover the Italian market adequately.

We trust this information is sufficient, but should you require any further comments please do not hesitate to contact us.

Yours sincerely

George Le Blanc
Sales Director

12 Lettre de recommandation évasive au sujet d'une entreprise

Mr S. Watwood
CASTASSIST
158–161 Cressex Estate,
New Malden,
Surrey
KT13 4EY

Concarneau, le –/–/199-

Objet: CASELLACCI S.P.A. de Pise

Monsieur,

Nous avons bien reçu votre lettre concernant l'entreprise CASELLACCI S.P.A. avec qui vous avez discuté de la distribution de vos produits sur le marché italien.

Casellacci est une très bonne entreprise mais nous sommes inquiets car ils se sont déja peut-être surpassés avec la vente de nos produits en Italie et nous pensons que s'ils prenaient en charge votre gamme de produits, il leur faudrait[1] probablement employer un chef de produits supplémentaire et peut-être même une autre demi-douzaine de vendeurs régionaux s'ils voulaient couvrir le marché italien correctement.[2]

Nous espérons que vous trouverez ces renseignements suffisants mais si vous souhaitez de plus amples informations, n'hésitez pas à nous contacter.

Vous souhaitant bonne réception de cette lettre, je vous prie d'agréer, Monsieur, l'expression de mes salutations distinguées.

Georges le Blanc
Directeur des ventes

1   Literally, 'it would be necessary to them'.
2   Literally, 'properly'.

13 Placing an order

Jenkins Freeman plc
Unit 36
Heddington Industrial Estate
Birmingham
B34 9HF

Dear Sirs

We thank you for your catalogue and price list, which we have read with interest. On the basis of your current prices, we wish to order the following:

    50 electric drills, model 1456/CB
    50 chain saws, model 1865/CH

Delivery is required by 3.5.199-, and the goods should be delivered to our warehouse in Riddington Way, Battersea. As agreed, payment will be by banker's draft.

Yours faithfully

Gillian Brookes
Purchasing Department

13 Passer une commande

Dupont Bonhomme S.A.
120 avenue Berthelot
69000 Lyon
France

Coventry, le –/–/199-

Messieurs,

Nous vous remercions de votre catalogue et liste des prix que nous avons étudiés[1] avec intérêt. Sur la base des prix mentionnés,[2] nous aimerions vous passer la commande suivante:

50 perceuses électriques, modèle 1456/CB
50 tronçonneuses, modèle 1865/CH

La livraison est requise le 03/05/199- au plus tard,[3] et les articles commandés devraient être livrés dans notre entrepôt se situant à Riddington Way, Battersea. Comme convenu, le paiement se réglera par chèque de banque.

Dans cette attente, veuillez agréer, Messieurs, l'expression de nos salutations distinguées.

Gillian Brookes
Service des achats

1 This past participle is agreeing with the preceding direct object.
2 Literally, 'the prices referred to' (in your price list).
3 'At the latest' (equivalent of 'by').

14 Cancellation of order

21 June 199-

Porzellanfabrik Hering
Langauer Allee 18
7000 Stuttgart
Germany

Dear Sirs

RE: ORDER NO. HGF/756

We recently placed an order for 60 bone china coffee sets (model 'Arcadia'). The order reference: HGF/756.

We greatly regret that due to circumstances beyond our control, we now have to cancel the order. We apologize for any inconvenience that this cancellation may cause you.

Yours faithfully

D Grey

14 Annulation de commande

Fabrique de Porcelaine
18 allée des Lilas
34000 Montpellier
France

Leeds, le 21 juin 199-

Messieurs,

Nous vous avons récemment passé une commande de 60 services à café en porcelaine (modèle 'Arcadia'). La référence de la commande est : HGF/756.

Nous sommes désolés d'avoir à l'annuler pour des raisons entièrement indépendantes de notre volonté.[1] Nous vous prions de bien vouloir nous excuser pour tous les inconvénients que cette annulation peut causer.

Vous remerciant par avance de votre compréhension, nous vous prions d'agréer, Messieurs, nos salutations distinguées.

D. Grey

1 This is the French version of the hallowed phrase: 'due to circumstances beyond our control . . .'.

15 Confirming a telephone order

18 May 199-

Henning & Söhne GmbH
Schillerstraße 45
4300 Essen
Germany

Dear Mr Hartmann

Following the visit of your representative Dieter Höne last week, we are writing to confirm our telephone order for

    250 car seat covers, model AS/385/c

The total price of the order, inclusive of your discount, is £4,600. Payment will follow immediately upon delivery. The covers should be delivered no later than Tuesday 3 February, to our warehouse on the Pennington Industrial Estate, Rochdale.

Yours sincerely

Derek Batty

15 Confirmer une commande passée par téléphone

Monsieur Jean Dutourd
45 rue Verlaine
63000 Clermont-Ferrand
France

Newcastle upon Tyne, le 18 mai 199-

Cher Monsieur,[1]

A la suite de la visite de votre représentant M. Eric Braque la semaine dernière, nous vous écrivons pour confirmer notre commande passée par téléphone de:

250 Housses pour sièges de voiture modèle AS/385/c.

Le montant total de la commande, votre ristourne[2] comprise, s'élève à 4 600,00 Livres Sterling. Notre règlement suivra immédiatement la livraison. Les housses devraient être livrées mardi 3 février au plus tard dans notre entrepôt situé à Pennington Industrial Estate, Rochdale.

Dans cette attente, veuillez recevoir, cher Monsieur, nos salutations distinguées.

Derek Batty

1   They know each other well.
2   Alternative: *rabais* (m).

16 Making an order for specific items of office equipment

7 July 199-

Your ref.
Our ref. HB/LP

Garzón y Hijos
Plaza de la Catedral 8
Bogotá

Dear Sir/Madam

We would be grateful if you would supply the following items, using the Order Number E183, to the above address at your earliest convenience. Payment will be made within 14 days of receipt of your invoice and of the goods as ordered.

- 6 artists' stools (aluminium)
- 20 sets of 5 painting brushes
- 10 reams of A5 drawing paper
- 2 drawing tables: 2m × 1m
- 1 Sanchix camera: FB4x model
- 1 QRM computer: portable TGS model

Before you prepare the order and invoice us for these goods, please inform us by telex or phone of the cost per item, for, on several occasions in the past, we have received bills for unexpectedly high amounts.

We thank you in anticipation of your prompt reply.

Yours faithfully

Herberto Baza
Studio Supervisor

16 Faire une commande pour des articles de bureau bien précis

Frères Dutilleul
2 rue Portfroid
66000 Perpignan
France

Votre Réf.: HB/LP
Notre Réf.: HB/LP

Port Bou, le 7 juillet 199-

Madame, Monsieur,

Nous vous serions reconnaissants de bien vouloir nous fournir les articles suivants, en utilisant le numéro de commande E183. Ils devront être livrés à l'adresse ci-dessus le plus tôt possible. Vous recevrez notre règlement 14 jours après réception de votre facture et des marchandises conformes à notre commande.

6 tabourets d'artistes (aluminium)

20 jeux de pinceaux (à 5)

10 rames de papier à dessin format A5

2 tables à dessin: 2m × 1m

1 appareil photographique Sanchix: modèle FB4x

1 ordinateur portatif QRM: modèle TGS

Avant de préparer cette commande et de nous envoyer votre facture, nous vous serions reconnaissants de bien vouloir nous faire parvenir[1] par télex ou téléphone le prix de chaque article car à plusieurs reprises[2] par le passé nous avons reçu des notes d'un montant extrêmement élevé totalement inattendu.

Vous remerciant par avance de votre prompte réponse, je vous prie d'agréer Monsieur, Madame, l'expression de mes meilleures salutations.

Herberto Baza
Responsable du studio

1 *Nous faire parvenir*: 'let us have'.
2 *A plusieurs reprises*: 'on several occasions'.

17 Acknowledgement of an order

18 November 199-

Mr Henry Putton
33 Flintway
West Ewell
Surrey
KT19 9ST

Dear Mr Putton

Thank you for your signed order given to our Adviser for a bed to be constructed to your specific requirements.

We shall now pass your order to our Design Department complete with your personal specification.

Delivery time will be in approximately seven weeks and we will advise you of the exact date in due course.

Once again many thanks for your order.

Yours sincerely

Janet Craig
Customer Relations Manager

17 Confirmation de la réception d'une commande

M. Henri François
410 avenue de l'Hippodrome
14390 Cabourg
France

Headington, le 18 novembre 199-

Cher Monsieur,

Nous vous remercions de votre commande signée remise[1] à notre conseiller pour un lit à fabriquer spécialement pour vous.

Nous allons maintenant faire passer votre commande ainsi que toutes vos spécifications personnelles à notre service de conception.

Il faudra compter environ 7 semaines pour la livraison. Nous vous ferons part de la date exacte en temps voulu.[2]

Vous remerciant une nouvelle fois de votre commande, nous vous prions d'agréer, cher Monsieur, l'expression de nos salutations respectueuses.

Janet Craig
Directrice du service clientèle

1 *Remettre*: 'to hand over/in' etc.
2 This is the equivalent set phrase in French.

18 Payment of invoices

Letter accompanying payment

Dr V Meyer
Neue Marktforschung GmbH
Kastanienallee 14
D–45023 Osnabrück
Germany

Dear Dr Meyer

I enclose an international money order to the value of 450DM as payment for the three market research reports on dairy products published by your organization this year.

As agreed during our telephone conversation on 15.1.199-, the sum enclosed includes postage.

I look forward to receiving the reports as soon as possible.

Yours sincerely

Maria Meller

Enc.

18　Règlement de factures

Lettre accompagnant le règlement

Etudes de Marché Meyer
14 allée des Marronniers
67500 Haguenau
France

Dublin, le 18 janvier 199-

A l'attention de Dr. V. Meyer

Cher Monsieur,

Vous trouverez ci-joint un mandat international d'un montant de 1556,00 francs pour le règlement des trois rapports sur les études de marchés des produits laitiers publiés par votre organisme cette année.

Comme nous l'avons convenu[1] lors de notre conversation téléphonique du 15 janvier, la somme ci-jointe[2] comprend les frais de port.

Dans l'attente des rapports, qui nous l'espérons arriveront dans les plus brefs délais, je vous prie d'agréer, cher Monsieur, l'expression de mes sentiments distingués.

Maria Meller

P.J.[3] (1): Mandat international

1　Literally, 'as we agreed (it)'.
2　Agreeing with *la somme.*
3　Abbreviation for *pièce jointe*: 'enc(losure)'.

19 Payment of invoices

Request for deferral

South East Finance Ltd
Alton Court
Cleeve Road
London W11 1XR

Dear Sirs

RE: MAXITRUCK 2000

I refer to our recent agreement of 30 November 199- regarding payment for one 40-ton Maxitruck 2000.

As you will recall, we paid an initial instalment of £10,000 and agreed to 10 further monthly instalments of £3,000. The December and January instalments, as you will know, have been paid promptly.

However, owing to the serious economic situation we find ourselves in, we are at the moment unable to make payments of more than £2,000 a month. We would, therefore, appreciate the opportunity to discuss this matter with you and reach a mutually satisfactory arrangement.

Yours faithfully

Tom Page
Finance Manager

19 Règlement de factures

Demande d'un règlement différé

South East Finance Ltd
Alton Court
Cleeve Road
London W11 1XR

Nantes, le 15 décembre 199-

Objet: Maxitruck 2000

Messieurs,

Nous faisons référence à notre récent accord du 30.11.199- concernant le règlement d'un maxitruck 2000 de 40 tonnes.

Comme vous vous en souviendrez certainement, nous avons payé un acompte de 10 000,00 livres sterling et pour la somme restante, vous nous aviez accordé un règlement de dix mensualités de 3 000,00 livres sterling. Les mensualités de décembre et janvier comme vous l'avez remarqué ont été réglées avec promptitude.

Cependant, étant donnée la situation économique dans laquelle nous nous trouvons actuellement, nous sommes malheureusement dans l'impossibilité de payer un montant supérieur à 2 000,00 livres sterling par mois. Nous aimerions par conséquent solliciter un rendez-vous afin de pouvoir en discuter avec vous et éventuellement convenir d'un nouvel accord.

Dans cette attente, et vous remerciant de votre compréhension, je vous prie d'agréer, Messieurs, l'assurance de nos meilleurs sentiments.

Thomas Pauger
Directeur Financier

20 Payment of invoices

Refusal to pay

Johnson (Builders) Ltd
Nugget Grove
Christchurch
Dorset

Dear Sirs

RE: INVOICE NO. L28/4659

We refer to your invoice No. L28/4659 regarding repairs to the roof of workshop 17 at Heath End.

In spite of the repair work carried out by your employees the roof still leaked in a number of places during the recent rains, causing a shut-down of the workshop for safety reasons.

We look forward to a speedy response from you, in order to resolve this problem in a satisfying manner.

Yours faithfully

Martin Lowe
Financial Services

20 Règlement de factures

Refus de payer

Johnson (Builders) Ltd,
Nugget Grove,
Christchurch,
Dorset

Christchurch, le 5 novembre 199-

<u>Objet:</u> Facture No. L28/4659

Messieurs,

Nous faisons référence à votre facture No. L28/4659 concernant les réparations effectuées sur le toit de notre atelier situé au No. 17 Heath End.

En dépit des travaux réalisés par vos employés, le toit fuit toujours à plusieurs endroits; ceci a été vérifié lors des dernières pluies, et a entraîné la fermeture de l'atelier pour des raisons de sécurité.

Nous vous serions reconnaissants de bien vouloir nous répondre dans les plus brefs délais afin de résoudre ce problème de manière satisfaisante.

Vous en remerciant par avance, nous vous prions d'agréer, Messieurs, l'expression de notre parfaite considération.

Martin Lowe
Service Financier

21 Apologies for non-payment

18 August 199-

Mr I Sahani
Michigan Lake Trading Co.
974 South La Salle Street
Chicago
Illinois 60603
USA

Dear Mr Sahani

I refer to our telephone conversation yesterday.

I must apologize once again for the fact that you have not yet received payment for order No. 072230/5310.

Payment was duly authorized by me on 10 July, but owing to staff holidays the paperwork appears to have gone astray between our sales and finance departments.

We have now traced the relevant documentation and I can assure you that the matter is being attended to with the utmost urgency.

If you have not received payment by Monday, 22 August, I would be grateful if you would contact me immediately.

I apologize once again for the inconvenience this has caused you and assure you of our best intentions.

Yours sincerely

Jack Andrews
Finance Director

21 Excuses pour faute de règlement

M. I. Sahani,
Michigan Lake Trading Co.,
974 South La Salle Street,
Chicago,
Illinois 60 603,
Etats-Unis

Limoges, le 18 août 199-

Cher Monsieur,

Suite à notre conversation téléphonique d'hier, je dois une fois de plus vous demander de nous excuser pour ne pas vous avoir encore envoyé le règlement de notre commande no. 072230/5310.

J'ai autorisé moi-même le paiement en temps utile le 10 juillet mais il semble que du fait du départ en vacances de certains membres du personnel, certains dossiers se soient[1] égarés entre le service des ventes et celui de la comptabilité.

Nous avons maintenant retrouvé la documentation en cause et je peux vous assurer que nous nous occupons de cette affaire afin qu'elle soit[1] réglée le plus rapidement possible.

Si vous n'avez pas reçu votre règlement lundi 22 août, je vous serais reconnaissant de m'en faire part immédiatement.

Vous demandant une nouvelle fois de bien vouloir nous excuser, je vous prie d'agréer, cher Monsieur, l'expression de mes salutations distinguées.

Jacques André
Directeur Financier

1 The subjunctive is used after *il semble que* and *afin que*.

22 Request for payment

18 June 199-

Huron Motor Factors
6732 John Street
Markham
Ontario
Canada L3R 1B4

Dear Sir

RE: Invoice No. JE/17193

As per our invoice JE/17193 of 13.3.199-, we supplied your plant with 500 litres of AVC automotive base paint, payment due 60 days after receipt of our consignment.

This period of time has now elapsed and we request immediate settlement of the above invoice.

Yours faithfully

G McGregor
Finance Director

22 Demande de règlement

M. Jean Maréchal
Huron Motor Factors
6732 John Street
Drummondville
Québec
Canada

Birmingham, le 18 juin 199-

Objet: Commande No. JE/17193

Monsieur,

Comme le spécifiait notre facture JE/17193 du 13-03-199-, nous avons livré 500 litres de peinture à base d'apprêt[1] AVC pour automobiles, dont le règlement devait être effectué 60 jours après réception de notre marchandise.

Cette période est maintenant écoulée et nous exigeons le règlement immédiat de cette facture.

Dans cette attente, veuillez agréer, Monsieur, l'expression de mes salutations distinguées.

G. McGregor
Directeur Financier

1 Technical term in paint: 'sizing' etc.

23 Overdue account

First letter

25 April 199-

Lota (UK) Ltd
93 Armstrong Road
Dudley
West Midlands DY3 6EJ

Dear Sir

<u>Arrears on Finance Agreement No. 261079</u>

I am writing to advise you that your bankers have failed to remit the April instalment of £8,373 on the above agreement and as a result the account is now in arrears.

This has incurred an additional £460.50 in interest and administration charges.

Please advise your bank to transfer £8,833.50 to our account to bring your account up to date and enable us to remove it from our arrears listing.

Yours faithfully

Mark Phillips
Financial Director

23 Compte arriéré

Première lettre

                        Lota (UK) Ltd,
                        93 Armstrong Road,
                        Dudley,
                        West Midlands DY3 6EJ,
                        Angleterre

                        Clichy, le 25 avril 199-

Objet: Arriéré concernant le contrat de financement No. 261079

Monsieur,

Nous désirions[1] vous signaler que vos banquiers ne nous ont pas remis le versement d'avril s'élevant à £ 8 373,00 et que votre compte est actuellement arriéré.

Ceci a engendré un coût supplémentaire de £ 460,50 en intérêts et frais de dossier.

Nous vous serions très reconnaissants de bien vouloir ordonner à votre banque de verser £ 8 833,50 sur notre compte et ainsi de mettre votre compte à jour pour nous permettre de l'enlever de la liste des arriérés.

Dans cette attente, nous vous prions d'agréer, Monsieur, l'expression de nos salutations distinguées.

Marc-Philippe Wright
Directeur Financier

1   Imperfect tense: 'we wanted to advise you'.

24 Overdue account

Final letter

10 June 199-

Lota (UK) Ltd
93 Armstrong Road
Dudley
West Midlands DY3 6EJ

Dear Sir

<u>Arrears on Finance Agreement No. 261079</u>

Our records show that despite our previous reminders, your account remains overdue.

We now insist that you clear the outstanding arrears by close of business on Friday, 26 June 199-.

Failure to comply with this request by the date specified will result in the termination of the agreement. We would then take steps to recover our property.

Yours faithfully

Mark Phillips
Finance Director

24 Compte arriéré

Dernière lettre

Lota (UK) Ltd
93 Armstrong Road
Dudley
West Midlands DY3 6EJ
Angleterre

Clichy, le 10 juin 199-

Objet: Arriérés sur le contrat de financement No. 261079

Messieurs,

Nos registres montrent que malgré nos précédentes lettres de rappel, votre compte est toujours arriéré.

Nous insistons pour que vous régliez[1] le montant dû avant la fermeture des bureaux le vendredi 26 juin 199- au plus tard.

Si vous n'effectuez pas ce règlement à la date spécifiée, il en résultera la résiliation[2] de notre accord. Nous prendrions alors nos dispositions pour récupérer nos biens.

Dans l'espoir de recevoir le règlement de vos dettes avant l'échéance mentionnée ci-dessus, je vous prie d'agréer, Messieurs, l'expression de nos salutations distinguées.

M.-Philippe Wright
Directeur Financier

1 Subjunctive.
2 *La résiliation, résilier*: 'termination', 'to terminate' (a contract).

25 Job advertisement

Letter to newspaper

20 August 199-

H J Marketing Services
County House
53 Stukely Street
Twickenham TW1 7LA

Dear Sir

Please would you insert the attached job advertisement in the January issues of *East European Marketing Monthly* and *Food Industry Digest*.

As usual we require a quarter-page ad, set according to our house style.

Please would you invoice us for payment in the usual way.

Yours faithfully

John Capstan
Personnel Director

Enc.

25 Offre d'emploi par petite annonce

Lettre de demande de parution au journal

Services Publicitaires
Monde Agricole
3 rue de la Laiterie
76600 Le Havre
France

Epsom, le 20 août 199-

Messieurs,

Nous vous prions de bien vouloir insérer notre offre d'emploi que vous trouverez ci-joint dans votre parution de janvier des journaux *Monde Agricole* et *Agriculture Européenne*. Comme d'habitude, nous demandons une annonce de quart de page, composée selon le style de notre maison.

Nous vous serions reconnaissants de bien vouloir nous facturer selon les conditions habituelles.

Vous en remerciant par avance, nous vous prions d'agréer, Messieurs, l'expression de nos salutations distinguées.

John Capstan
Directeur du Personnel

P.J. (1): Texte de l'annonce

26 Newspaper advertisement

We are currently expanding our operations in Eastern Europe and require experienced people within the food processing industry who are looking for an opportunity to sell in Hungary and Bulgaria products of leading food companies. The products are of good quality and already enjoy a substantial international reputation.

The salary for the above position is negotiable dependent upon experience and qualifications. A competitive benefits package is offered.

For further details and application form please write to the Personnel Manager, EEF Ltd, Roman Road, Epsom, Surrey, KT72 7EF, quoting reference HB/127.

Closing date: 14 February 199-.

26 Annonce

Nous sommes actuellement en pleine phase de développement de nos activités dans les pays de l'Europe de l'Est et sommes à la recherche de gens expérimentés dans l'industrie agro-alimentaire qui seraient intéressés par la vente en Hongrie et en Bulgarie de produits venant des meilleures entreprises agro-alimentaires. Les produits sont de bonne qualité et ont déjà une réputation internationale.

Le salaire attribué au poste décrit ci-dessus est négociable et dépend de l'expérience, de l'aptitude et de la formation. De nombreux avantages salariaux sont également offerts.

Afin d'obtenir de plus amples informations ainsi qu'un dossier de candidature, veuillez écrire au directeur du personnel EEF S.A.R.L.,[1] Route des Romains, 67210 Obernai, en rappelant le numéro de référence suivant: HB/127.

Candidatures à soumettre avant le 14 février 199-.

1 Abbreviation for *Société à responsabilité limitée.*

27 Asking for further details and application form

7 September 199-

EEF Ltd
Roman Road
Epsom
Surrey KT72 7EF

Dear Sir

Ref. HB/127

I would be very grateful if you could send me further details and an application form for the post of sales manager as advertised in this month's *East European Marketing Monthly*.

Yours faithfully

Lorraine Russell

27 Demander de plus amples informations et un formulaire de candidature

EEF S.A.R.L.,
Route des Romains,
67210 Obernai,
France

Wissembourg, le 7 septembre 199-

Réf: HB/127

Messieurs,

Je vous serais très reconnaissante de bien vouloir me faire parvenir de plus amples informations ainsi qu'un dossier de candidature pour le poste de directeur des ventes dont l'annonce est passée dans la revue *Marché Est-Européen*[1] de ce mois.

Vous en remerciant par avance, je vous prie d'agréer, Messieurs, l'expression de mes salutations distinguées.

Lorraine Russell

1 The French for 'marketing' is of course *le marketing*.

28 Job application

25 January 199-

Black's (Automotive) Ltd
18 Dawson Street
Birmingham
B24 4SU

Dear Sir

Further to your recent advertisement in the *Daily Satellite* on 21 January 199-, I am applying for the post of market research officer.

I graduated from Chiltern University in June 199- with an upper second class degree in European Business. The following January I was awarded the Diploma of the Chartered Institute of Marketing. On my degree course I specialized in market research and I did a one-year work placement with Cox, Paton and Taylor in London.

Since leaving university I have been employed as a market research assistant in the Quantocks Tourist Agency. I am now seeking an opportunity to apply the knowledge and skills I have acquired in a larger, more market-orientated organization.

I enclose my CV and the names of two referees. I would be grateful if you would not contact my current employer without prior reference to me.

I look forward to hearing from you.

Yours faithfully

Michael Westwood

Enc.

28 Offre de candidature

Michel Noir Automobile
Z.I.[1] Les Cordeliers
54000 Nancy
France

Taunton, le 25 janvier 199-

Messieurs,

Suite à votre annonce parue dans Le Satellite du 21 janvier 199-, je me permets de vous proposer ma candidature pour le poste de responsable des études de marché.

J'ai quitté l'Université de Chiltern en juin 199- ayant obtenu une licence avec mention bien[2] en Commerce Européen. Au mois de juin suivant, j'ai obtenu le diplôme du CIM.[3] Au cours de mes études supérieures, je me suis spécialisé dans le secteur 'Etudes de marchés' et j'ai fait un stage d'un an chez Cox, Paton et Taylor à Londres.

Depuis que j'ai quitté l'université, j'occupe le poste d'assistant en études de marchés à l'agence de tourisme Quantocks. Je suis actuellement à la recherche d'opportunités pour utiliser les connaissances et l'expertise acquises dans une entreprise plus grande et plus orientée vers les marchés.

Vous trouverez ci-joint mon curriculum vitae ainsi que le nom de deux personnes pouvant fournir des lettres de recommandation. Je vous serais très reconnaissant de ne pas contacter mon employeur actuel sans m'en avoir tout d'abord fait part.[4]

Je souhaite avoir retenu votre attention et vous remercie de la suite que vous voudrez bien donner à mon offre de candidature.

Veuillez agréer, Messieurs, l'expression de mes salutations distinguées.

Michael Westwood

P.J. (1): Curriculum vitae

1 Z.I.: abbreviation for Zone Industrielle.
2 A first class degree would be avec mention très bien.
3 Abbreviation for Chartered Institute of Marketing.
4 Faire part de qch. à qn.: 'to inform s.o. of s.th.'.

29 Curriculum vitae

Name: Michael Westwood
Address: 14 Bicknolles Road
Taunton
Somerset TA4 71E

Date of Birth: 14/05/196-
Nationality: British
Marital status: Single

EDUCATION AND QUALIFICATIONS

BA (Hons) Business Studies (Leeds, 1981)
MBA(1) (Warwick, 1985)

PREVIOUS EMPLOYMENT:

October 1988 – Marketing Manager

Cockpit Industries Ltd
8 Wendover Road
Accrington
Lancs BB7 2RH

January 1986 – September 1988 Marketing Assistant

Spurlands Ltd
71 Misbourne Road
Northallerton
Yorks DL5 7YL

October 1981 – December 1985 Marketing Assistant

Tutton Enterprises Ltd
Wye House
Cores End
Wolverhampton WV6 8AE

September 1978 – September 1981 Sales Assistant (part time)
J. V. Ansell & Co.
Moortown
Leeds
Yorks

29 Curriculum vitae

Nom: MICHAEL WESTWOOD
Adresse: 14 Bicknolles Road,
Taunton,
Somerset TA4 7IE

Né le: 14/05/196-

Nationalité: Britannique

Situation de famille: Célibataire

EXPÉRIENCE PROFESSIONNELLE:

Octobre 1988 – actuellement: Responsable du marketing

Cockpit Industries Ltd,
8 Wendover Road,
Accrington,
Lancs, BB7 2RH

Janvier 1986 – septembre 1988: Assistant du service marketing

Spurlands Ltd.,
71 Misbourne Road,
Northallerton,
Yorks. DL5 7YL

Octobre 1981 – décembre 1985: Assistant du service marketing

Tutton Enterprises Ltd
Wye House,
Cores End,
Wolverhampton WV6 8AE

Septembre 1978 – septembre 1981: Assistant du service des ventes (à temps partiel)[1]
J. V. Ansell & Co.
Moortown,
Leeds,
Yorks.

ETUDES ET DIPLÔMES:

Licence ès lettres en études commerciales (B.A. Honours) (Leeds, 1981)
MBA[2] (Warwick, 1985)

LANGUAGES

Fluent French and German

PRACTICAL SKILLS

Knowledge of the following software: Lotus, Word for Windows, Excell

DRIVING LICENCE SINCE 1980

LANGUES

Français et allemand courants (parlés, lus, écrits)

CONNAISSANCES PRATIQUES

Connaissance des logiciels[3] suivants: Lotus, Word for Windows, Excell.

PERMIS DE CONDUIRE[4] OBTENU EN 1980.

1 'Part time', i.e. while studying.
2 Abbreviation for Master of Business Administration.
3 *Un logiciel*: 'a software package'.
4 'Driving licence'.

30 Unsolicited letter of application

17 September 199-

Executive Agency plc
22 Ellison Place
London WC1B 1DP

Dear Sirs

I have recently returned to Britain after working in Canada and the Gulf States for the last 15 years.

In Canada, I spent five years as chief financial accountant of Bourges-Canada in Montreal, before moving to the Gulf. I have worked as financial director for Jenkins-Speller for the last ten years. During this period the company's number of clients and turnover have quadrupled.

I have returned to Britain for family reasons and I am now seeking an appropriate position in a company that can capitalize on my expertise in financial management and strategy.

I enclose a detailed CV for your further information and look forward to hearing from you soon.

Yours faithfully

R Bennett

Enc.

30 Lettre de candidature spontanée

Consultants Financiers Kléber
57 square Kléber
75016 Paris

Londres, le 17 septembre 199-

Messieurs,

Après quinze ans au Canada et dans les Etats du Golfe, je suis récemment rentré en Grande-Bretagne.

Au Canada, j'ai travaillé cinq ans en tant que comptable financier chez Bourges-Canada à Montréal. Je suis ensuite parti dans les Etats du Golfe[1] où j'ai depuis travaillé pendant 10 ans comme Directeur Financier chez Jenkins-Speller. Pendant ce laps de temps, le nombre de clients et le chiffre d'affaires ont quadruplé.[2]

Je suis rentré en Europe pour des raisons familiales et je suis à la recherche d'un nouveau poste au sein d'une entreprise pouvant utiliser pleinement et apprécier à sa juste valeur mon expertise dans le secteur de la gestion financière et de la stratégie.

Vous trouverez ci-joint mon curriculum vitae qui vous apportera davantage d'éclaircissements.

Souhaitant avoir retenu votre attention et vous remerciant de la suite que vous voudrez bien donner à mon offre de candidature,[3] je vous prie d'agréer, Messieurs, l'expression de mes salutations distinguées.

R. Bennett

P.J. (1): Curriculum vitae

1 Le Golfe Persique.
2 One of a series of verbs: *doubler, tripler, quintupler,* etc.
3 Literally, 'Thanking you for any follow-up you may give to my application'.

31 Interview invitation

19 February 199-

Ms F Jones
23 Park View
Colchester
Essex CO4 3RN

Dear Ms Jones

Ref. PS/2021: Personnel assistant

Interviews for the above position will take place on Friday, 22 February 199-, beginning at 10 a.m.

We expect to conclude the interviews after lunch, at approximately 2.30 p.m.

Please can you confirm whether you will be able to attend the interview.

Yours sincerely

Mr C Smith
Personnel Officer

31 Invitation à une entrevue

Mlle F. Jones,
23 rue du Parc,
79000 Niort,
France

Lowestoft, le 19 février 199-

Objet: PS/2021 – Assistant au Service du Personnel

Chère Mademoiselle

Les entretiens pour le poste vacant mentionné ci-dessus auront lieu le vendredi 22 février 199- à partir de 10h00.

Nous espérons terminer ces entretiens après déjeuner, vers 14h30 environ.

Nous vous serions reconnaissants de bien vouloir nous confirmer votre présence.

Vous en remerciant par avance, je vous prie d'agréer, chère Mademoiselle, l'expression de nos salutations distinguées.

C. Smith
Directrice du Personnel

32   Favourable reply to job application

15 March 199-

Mrs L Flint
7 Fisherman's Way
Okehampton
Devon EX12 0YX

Dear Mrs Flint

I am writing to offer you formally the position of personal assistant to the operations director at Farnbury.

As discussed at the interview the normal working hours are 8.30 a.m.–5 p.m., Monday to Friday, although the position requires a flexible approach and on occasions you will be expected to work outside these times. The annual salary is £18,000.

You will receive further details if you accept the position.

Please confirm in writing by first post, Monday 3 April at the latest, whether you accept the offer of the position.

We look forward to hearing from you.

Yours sincerely

F Jones

32 Réponse favorable à une offre de candidature

Mme L. Flinte,
7 rue du Pêcheur,
92150 Suresnes,
France

Fermont, le 15 mars 199-

Chère Madame,

L'objet de cette lettre est de vous annoncer officiellement que nous vous offrons le poste de secrétaire personnelle du directeur d'exploitation à Fermont.

Comme nous vous l'avons mentionné lors de l'entretien, les horaires journaliers sont de 8h30 à 17h00, du lundi au vendredi. Nous avons également précisé que le poste demande une certaine souplesse à cet égard, ce qui vous amènera donc parfois à travailler au-delà des horaires cités ci-dessus. Le salaire est de 180 000,00 francs par an.

Si vous acceptez ce poste, nous vous ferons parvenir une description détaillée.

Nous vous serions reconnaissants de bien vouloir nous faire connaître votre réponse par courrier le 3 avril au plus tard.

Dans cette attente, je vous prie d'agréer, chère Madame, l'expression de nos respectueuses salutations.

F. Gérard

33 Unfavourable reply to job application

16 March 199-

Mr R Smith
15 Adams Way
Reading
Berks
RG23 6WD

Dear Mr Smith

RE: POSITION AS SALES DIRECTOR

I am writing to inform you that your application was unsuccessful on this occasion.

We thank you for the interest you have shown in our company and we wish you every success with your career.

Yours sincerely

F Jones

33 Réponse défavorable à une offre de candidature

M. R. Sert,
15 voie Adamov,
78000 Versailles,
France

Fermont, le 16 mars 199-

Objet: Poste de Directeur Commercial

Monsieur,

L'objet de cette lettre est de vous informer que nous n'avons malheureusement pas pu retenir votre candidature.

Nous le regrettons vivement et vous remercions de l'intérêt et de la confiance que vous avez bien voulu nous manifester. Nous vous souhaitons tout le succès possible en ce qui concerne votre carrière.

Nous vous prions d'agréer, Monsieur, l'expression de nos sentiments distingués.

F. Gérard

34 Requesting a reference for an applicant

Your ref. AS/
Our ref. FG/JL

2 February 199-

The Manager
First Class Bank
1–6, King's Square
BURY

Dear Mr Swift

RE: MISS STEPHANIE BOSSOM

This branch of the Safety First has recently received an application for employment as an accounts clerk from Ms Stephanie Bossom. She has quoted your name as a referee to whom we might address ourselves in the event of our wishing to interview her.

I believe that Ms Bossom has been working in your bank for several years and that her desire to change employment is prompted largely by her intention to marry and settle in this area. From her application it would seem that she would be a valuable asset to us. We should therefore be most grateful if you could confirm our impression in writing (by fax if possible) as soon as is convenient.

Please feel free to comment on any aspect of Ms Bossom's work that you deem to be of likely interest to us.

I thank you in advance for your co-operation.

Yours sincerely

Frank Graham
Branch Manager

34 Demande d'une lettre de recommandation pour un candidat

Monsieur le Directeur,
First Class Bank,
1 à 6 Place du Roi,
69000 Lyon,
France

Lancaster, le 2 février 199-

Votre Réf.: AS
Notre Réf.: FG/JL

Objet: Mlle Stéphanie Bossom

Monsieur,

Cette succursale de Safety First a récemment reçu la candidature de Mlle Stéphanie Bossom pour le poste d'aide comptable. Mlle Bossom nous a indiqué votre nom au cas où[1] nous voudrions nous procurer une lettre de recommandation si nous avions l'intention de lui faire passer un entretien d'embauche.[2]

Il semble que Mlle Bossom ait[3] travaillé plusieurs années dans votre banque et que son désir de changer de poste provienne[3] en grande partie du fait qu'elle veut se marier et s'installer dans notre région. D'après sa lettre de candidature, il semblerait qu'elle puisse[3] être un sérieux atout pour notre entreprise. Nous vous serions donc très reconnaissants de bien vouloir confirmer nos impressions par écrit (via fac-similé[4] si possible) dès que cela vous sera possible.

N'hésitez pas à nous transmettre toute information que vous jugerez utile concernant le travail de Mlle Bossom.

Vous remerciant par avance de votre coopération, je vous prie d'agréer, Monsieur, l'expression de mes salutations distinguées.

Frank Graham
Directeur d'agence

1 Literally, 'in case we wanted to'.
2 *Embauche, embaucher*: 'recruitment', 'to recruit'.
3 Subjunctives.
4 Alternative: *par télécopie*.

35 Providing a positive reference for an employee

4 February 199-

Your ref. FG/JL
Our ref. AS/MN

Mr F Graham
Safety First Assurance plc
12, Bright Street
Lancaster

Dear Mr Graham

MS STEPHANIE BOSSOM

I hasten to reply to your request for a reference for Ms. Stephanie Bossom. Please accept my apologies for not being able to fax my reply, but at present we are experiencing problems with the machine.

I have to say that Stephanie has been an ideal employee, who started with us as an office junior straight from school and has been promoted on several occasions in recognition of her work. I understand her reasons for wishing to leave and would very soon have been promoting her myself if she were staying with us.

You will see from her application that she has sat and passed a number of professional examinations over the last two years. In that time she has taken responsibility for supervising the progress of trainees and has been involved in new initiatives relating to our office systems.

You will find Stephanie a pleasant, willing and talented person. She can be relied upon to carry out her professional duties to the best of her ability at all times.

I hope you will be able to offer her the post, which you imply is likely in your initial letter.

Yours sincerely

Alan Swift
(Manager, Town Centre Branch)

35 Fournir une lettre de recommandation positive pour un employé

M. F. Graham,
Safety First Assurance plc
12, Bright Street,
Lancaster
Angleterre

Lyon, le 4 février 199-

Votre Réf.: FG/JL
Notre Réf.: AS/MN

Objet: Mlle Stéphanie Bossom

Monsieur,

Je m'empresse de répondre à votre demande d'une lettre de recommandation pour Stéphanie Bossom. Je suis vraiment désolé de ne pas avoir pu vous envoyer ma réponse par fac-similé, mais nous avons actuellement quelques problèmes avec cet appareil.

Je dois dire que Stéphanie a été pour nous une employée idéale, qui a commencé dans notre entreprise en tant qu'employée de bureau dès sa sortie de l'école. Elle a été promue à plusieurs reprises grâce à son travail. Je comprends tout à fait les raisons pour lesquelles elle souhaite nous quitter et vous prie de croire qu'elle aurait été de nouveau promue dans de très courts délais si elle était restée chez nous.

Vous verrez en vous référant[1] à son dossier de candidature qu'elle a passé[2] et obtenu avec succès un certain nombre d'examens professionnels au cours des deux dernières années. Pendant cette période, elle avait la responsabilité de superviser les progrès des stagiaires[3] et elle était impliquée dans la restructuration de notre système administratif.

Vous vous rendrez compte[4] que Stéphanie est agréable, pleine de bonne volonté et talentueuse. On peut lui faire confiance et être sûr qu'elle fera tout son possible[5] pour remplir ses fonctions professionnelles.

J'espère que vous serez à même de lui offrir le poste comme vous l'aviez suggéré dans votre lettre.

Je vous prie d'agréer, Monsieur, l'expression de mes salutations distinguées.

Alan Swift
Directeur, Agence Centre Ville

1 'Referring yourself': *se référer* is a reflexive verb. 2 *Passer un examen* is French for 'to sit an exam'. 3 *Le* or *la stagiaire* is anyone following *un stage*, 'a training course'. 4 *Se rendre compte*: to realize. 5 'She will do her utmost'.

36 Acceptance letter

19 July 199-

Mrs Cornwell
Human Resources Department
Melton's Motor Factors Ltd
63 Station Road
Thirsk
N. Yorkshire
YO9 4YN

Dear Mrs Cornwell,

Thank you for your letter of 17 July offering me the post of parts manager.

I am delighted to accept your offer.

Yours sincerely

Oliver Marks

36 Lettre d'acceptation

Madame Cornwell
Service des ressources humaines
Melton's Motor Factors Ltd,
63 Station Road,
Thirsk,
N. Yorkshire Y09 4YN
Angleterre

Vannes, le 19 juillet 199-

Chère Madame,

Je vous remercie de votre lettre du 17 juillet dernier m'offrant le poste de directeur du service des pièces détachées.

C'est avec grand plaisir que j'accepte votre offre.

Je vous prie d'accepter, chère Madame, l'expression de mes salutations distinguées.

Olivier Dumarc

37 Contract of employment

Dear

Following our recent discussions we are pleased to offer you employment at our Company as Area Manager on the following terms and conditions:-

Remuneration
Your salary will be £15,000 per annum plus commission on the basis we have already discussed with you. As with all our staff your salary will be paid monthly on the last Thursday in each month, your first review being in July 199-.

Notice
As with all our staff, you will be employed for an initial trial period of six months, during which time either you or we may terminate your appointment at any time upon giving seven days' notice in writing to the other. Provided that we are satisfied with your performance during the trial period, we will thereafter immediately confirm your appointment as a permanent member of our staff and the seven-day period of notice referred to above will be increased to one month.

Sickness Pay
During any reasonable absence for illness the Company, at its discretion, will make up the amount of your National Insurance Benefit to the equivalent of your normal salary, although it should be noted that this will be essentially relative to your length of service.

Holidays
Your normal paid holiday entitlement will be 20 working days in a full year, the holiday year running from 1 January to 31 December.

Car
We will provide you with a suitable Company car (cost circa £14,000), which is to be mainly for your business use but also for your private use. The Company will meet all normal running expenses associated with the car such as road tax, insurance, repairs, servicing and petrol.

Pensions
The Company operates a Pension Plan. You can either decide to join the Company Scheme after six months' service at the Scheme's next anniversary date (July 199-), or alternatively choose a Personal Pension Plan to which the Company would contribute.

37 Contrat de travail

Monsieur,

A la suite de nos récentes discussions, nous sommes heureux de vous offrir le poste de directeur régional au sein de notre entreprise, selon les termes et conditions suivants:

Rémunération:
Votre salaire s'élèvera à 150 000,00 francs par an plus une commission relevant des points déjà discutés avec vous. Comme tout le personnel, votre salaire sera payé mensuellement le dernier jeudi de chaque mois. La première réévaluation sera en juillet 199-.

Préavis:
Comme tous nos employés, vous serez employé pendant une période initiale de six mois pendant lesquels chacune des deux parties pourra mettre un terme à son engagement en en avisant l'autre partie par écrit sept jours au préalable. Si nous sommes satisfaits de vos performances pendant la période d'essai, nous vous confirmerons, dès son échéance, votre engagement permanent et la période de préavis d'une semaine sera prolongée à un mois.

Indemnisation de maladie:
Toute absence raisonnable pour cause de maladie sera indemnisée par nos soins, à la hauteur de votre salaire normal, pour la partie non prise en charge par la sécurité sociale. Toutefois, il est à noter que cette participation sera relative à votre durée de service chez nous.

Vacances:[1]
Vous aurez droit à 20 jours ouvrables de vacances payées dans une année entière, la période normale des congés étant comprise entre le 1er janvier et le 31 décembre.

Voiture:[2]
Nous vous fournirons une voiture d'entreprise appropriée (coût environ 140 000,00 francs), qui est prévue pour un usage principalement lié à vos activités d'entreprise mais dont vous pourrez également vous servir pour votre utilisation personnelle. L'entreprise prendra en charge tous les coûts normaux engendrés par ce véhicule: vignette, assurance, réparations, entretien et essence.

Retraite:
L'entreprise est à même d'offrir un régime de retraite. Vous aurez ainsi la possibilité soit d'y souscrire après six mois de service lors de l'anniversaire de la mise en place de ce régime en juillet 199-, soit de choisir un régime de retraite indépendant auquel l'entreprise contribuerait.

Hours

Normal office hours are from 9.00 a.m. to 5.15 p.m. from Monday to Friday with one hour for lunch. However, it is probable that additional calls will be made upon your time.

Grievance and Disciplinary Procedure

Should you wish to seek redress for any grievance relating to your employment, you should refer, as appropriate, either to the Company Secretary or to the Managing Director. Matters involving discipline will be dealt with in as fair and equitable a manner as possible.

Health & Safety at Work Act

A copy of the Staff Notice issued under the Health & Safety at Work etc. Act 1974 will be given to you on the first day of your employment. Your acceptance of the appointment will be deemed to constitute your willingness to comply with these regulations.

Start Date

The date on which your employment by the Company is to commence remains to be agreed and we look forward to establishing a mutually acceptable date with you as soon as possible.

Will you kindly provide us with your acceptance of this offer of employment by signing and returning to us the enclosed duplicate copy of this letter.

We trust that you will have a long, happy and successful association with our Company.

Yours sincerely

B. Foster
Managing Director

Enc.

Horaires:[3]
Les heures de bureau normales sont de 9h00 à 17h15 du lundi au vendredi avec une heure pour le déjeuner. Il se peut cependant que vous soyez parfois amené à travailler au-delà de ces horaires.

Différends et procédures disciplinaires:

Si vous avez quelque plainte que ce soit vous devrez la soumettre soit au Secrétaire Général, soit au Directeur Général. Les problèmes de discipline seront réglés de la manière la plus équitable et juste possible.

Santé et Sécurité sur le lieu de travail:
Un exemplaire de la 'Notification au personnel' publié suivant la loi 1974 'Santé et sécurité au Travail' vous sera donné le jour de la prise de vos fonctions. L'acceptation du poste vous engage également à accepter et respecter ces consignes.

Date d'entrée en fonction:
Votre date d'entrée en fonction n'a toujours pas été déterminée. Nous serions heureux de la fixer avec vous dans les plus brefs délais.

Nous vous serions reconnaissants de bien vouloir nous faire parvenir votre acceptation de cette offre d'emploi et de nous retourner un exemplaire[4] dûment signé de cette lettre.

Nous espérons que votre association à notre entreprise sera de longue durée, heureuse et pleine de succès.

Je vous prie d'agréer, Monsieur, l'assurance de mes meilleurs sentiments.

B. Foche
Directeur Général

P.J.: Exemplaire du contrat

1 *Vacances*: in France depending on the collective agreement (*convention collective*) normal paid holidays are 25 working days (if Saturday is not considered a working day) and 31 working days (if Saturday is considered a working day). Also, and still depending on the collective agreement, the holiday year runs from 1 May to 30 April or 1 June to 31 May.
2 Please note that in France it is very unusual for a company to offer a company car as a benefit unless it is absolutely indispensable for the job. Even in the latter case, it is not rare to see in the job advertisement *voiture indispensable*, which implies that the candidate must already possess a vehicle.
3 *Horaires*: French office working hours are from 9 a.m. to 6 p.m. in most cities with one hour for lunch between 12 p.m. and 1 p.m. or 1 p.m. and 2 p.m. Elsewhere from 8 a.m. to 7 p.m. with a two-hour lunch break between 12 p.m. and 2 p.m.
4 *Exemplaire*: 'a copy'.

38 Enquiring about regulations for purchase of property abroad (memo)

Internal memorandum

From: Terry Baddison (Customer Services)
To: Guillermo Estuardos (Legal Department)

Date: 20 October 199-

Message: I urgently need some information on current rules and regulations concerning the purchase and renting of property in Spain. We have some clients interested in the new complex at Carboneras, but there seems to be doubt over whether they can sublet part of the premises without paying local tax on the rental.

P.S. I'm in the office every afternoon this week.

Terry

38 Demande de renseignements concernant les règlementations pour l'achat de propriétés à l'étranger (mémo)

MEMORANDUM

De la part de: Terry Baddison (Service clientèle)
Destiné à: Guillermo Estuardos (Service juridique)

Date: 20 octobre 1993

J'ai un besoin urgent d'informations concernant les statuts régissant l'achat et la location de propriétés mobilières en Espagne. Nous avons certains clients intéressés par le nouveau complexe immobilier de Carboneras, mais il semble y avoir des doutes au sujet de la sous-location d'une partie des locaux sans avoir à payer de taxes locales sur le loyer. Pourriez-vous vérifier tout cela le plus rapidement possible?

P.S. Je serai au bureau tous les après-midi cette semaine.

39 Advising of delay in delivery (telex)

TELEX: Expofrut (Almería, Spain) to Henshaw Bros. (Wolverhampton, England)

Subject: Delay in delivery

Sender: Pablo López
Addressee: Mary Henshaw
Date: 1 May 199-

Message: APOLOGIES FOR FAILING TO DELIVER USUAL ORDER THIS WEEK.

DOCKS STRIKE CALLED FROM TODAY THROUGHOUT SPAIN.

YOUR CONSIGNMENT OF FRUIT AND VEGETABLES ON QUAYSIDE. STILL POSSIBLE TO SEND GOODS BY ROAD, BUT COULD NOT GUARANTEE DELIVERY BY WEEKEND.

PLEASE INFORM BY TELEPHONE (00 3451 947583) THIS P.M. IF TO PROCEED WITH ORDER BY ROAD.

REGARDS

Pablo López
(Export Manager)

39 Avis de retard de livraison (telex)

Expofruit (Valflaunès, France)
Destiné à Henshaw Bros (Wolverhampton, Angleterre)

Objet: Retard de livraison

Expéditeur: Pierre López

Destinataire: Mary Henshaw

Date: 1er mai 199-

Message:
Désolé de ne pas avoir pu vous livrer votre commande habituelle cette semaine. Une grève des dockers sévit actuellement dans la France entière. Votre commande de fruits et légumes est à quai. Il est toujours possible d'envoyer la marchandise par transport routier, mais nous ne pouvons pas promettre l'arrivée avant le week-end. Veuillez nous informer de votre décision par téléphone (00 33 67 42 89) cet après-midi si vous voulez que nous acheminions la commande par transport routier.

Cordialement,

Pierre López
Directeur Exportation

40 Seeking clarification of financial position (fax)

To: Accounts Section, MULTIBANK,
Prince's Square, Crewe

From: John Turket, PERLOANS
High Street, Tamworth

Date: 17 August 199-

No. of pages, including this: 1

Dear Sir

This company has been approached by a Mr Alan Thomas, who wishes to secure a loan in order to finance a family visit to relatives living overseas. He has given his approval to my contacting your branch of Multibank, where he holds two accounts, in order to verify and clarify information he has proffered about his financial position.

Once you have satisfied yourselves that Mr Thomas is willing that you divulge facts about his finances, can you please provide the following information?

1 Has Mr Thomas incurred major overdrafts since 1990?

2 Do both Mr Thomas and his wife have salary cheques paid directly each month into their current account?

3 Does your bank have any reason to believe that Mr Thomas will not be able to repay a £3,000 loan to Perloans over 3 years from July 199-?

We hope you feel able to respond to our request, and thank you for your assistance in this matter.

Yours faithfully

John Turket
Loans Manager

40 Demande de renseignements concernant la situation financière d'un client (télécopie)

TELECOPIE

De: Jean Touraine
Tél: 0827 872 132
Fax: 0827 872 395

A: Service comptable
Fax No.: (00 33) 143 86 75 95

SOCIETE: MULTIBANK FRANCE

Date: 17 août 199-

Nombre de pages, y compris celle-ci: 1

Message:

Nous venons d'être contactés par Monsieur Alain Thomas qui désire obtenir un emprunt afin de financer un voyage avec sa famille pour aller rendre visite à de proches parents vivant à l'étranger. Il m'a donné son accord pour contacter votre agence de Multibank où il possède deux comptes; ceci afin de vérifier et clarifier ce qu'il nous a dit de sa situation financière.

Une fois que vous aurez vérifié que M. Thomas veuille[1] bien divulguer les faits concernant ses finances, nous vous serions très reconnaissants de bien vouloir nous faire parvenir les informations suivantes:

1- M. Thomas a-t-il été en situation de découvert important depuis 1990?
2- Les salaires de M. et Mme Thomas[2] sont-ils tous deux versés sur leur compte courant?
3- Votre banque a-t-elle, pour quelque raison que ce soit, lieu de croire que M. Thomas ne soit pas en mesure de rembourser 30 000,00 à Perloans en trois ans à partir du mois de juillet 199-?

Nous espérons que vous serez en mesure de nous répondre et vous remercions par avance de votre coopération.

Nous vous adressons, Messieurs, nos salutations distinguées.

Jean Touraine
Responsable des prêts

1 Subjunctive.
2 *M.* but *Mme* and *Mlle* (no full stop is used when the last letter of the abbreviated word is present).

41 Reporting to client on availability of particular property (fax)

To: Ms L Topcopy
Trendset Printers
From: Mrs D Russell
Smith & Jones

Date: 20 August 199-

No. of pages, including this: 1

Re: Office for lease

Dear Ms Topcopy

I am faxing you urgently to let you know that office premises have just become available in the area of town you said you liked. The lease on a street-front shop with upstairs office has been cancelled early by another client who is moving south. If you would like to see the property, please get back to us this afternoon and we will arrange a visit.

Best wishes

Dorothy Russell

41 Prévenir un client de la disponibilité de locaux d'activité (télécopie)

TELECOPIE[1]

Date: 20 août 199-

Dest.: Mme Dubonnet   Tel: (00 33) 43 87 75 86
        Topcopy   Télécopie: (00 33) 43 87 75 85

Exp.:   Mme D. Russell   Tel: (19 44) 1772 743901
                            Télécopie: (19 44) 1772 742900

Re: Location de bureaux

Nombre de pages, y compris la page de garde: 1

Message:

Je vous envoie cette télécopie afin de vous faire savoir le plus rapidement possible que des bureaux viennent de se libérer dans le quartier où vous désiriez vous installer. Le bail d'un fond de commerce à devanture ayant des bureaux à l'étage vient d'être annulé par l'un de nos clients qui a décidé de s'installer dans le sud. Si vous désirez visiter les locaux, nous vous serions reconnaissants de nous le faire savoir cet après-midi et nous organiserons un rendez-vous.

Cordialement,

Dorothy Russell

1   Example of a different standard fax layout very much in use in France.

42 Complaining about customs delay (fax)

To: HM Customs and Excise
     London

From: Ordenasa, Madrid

Date: 21/2/9-

No. of pages: 1

Dear Sirs

On behalf of my director colleagues of this computer software business I wish to lodge a complaint about customs clearance at British airports.

On several occasions since October 199- materials freighted from Madrid to retailers in Great Britain have been subject to unexplained and unjustifiable delays. This company depends for success on its ability to respond quickly to market demand; furthermore, at all times the requisite export licences have been in order.

This communication by fax is prompted by the latest and most frustrating hold-up we have experienced, at Gatwick Airport yesterday, which has allowed a market competitor to secure a valuable contract ahead of us.

If the Single Market is to function effectively this is precisely the type of situation that must be avoided. I intend to contact the relevant Chamber of Commerce, but in the meantime I insist on an explanation from your officers of why consignment AT/463 was not permitted immediate entry on 20 February 199-.

Yours faithfully

Dr. Norberto Mateos
(Managing Director)

42 Plainte au sujet des services de dédouanement (télécopie)

TELECOPIE

De: Dr. Norberto Mateos
Tél: 32 275 6580
Fax: 32 275 7821

A: HM Customs and Excise, Londres
Fax No.: (44) 71 731 4846

Date: 21 février 199-

Nombre de pages, y compris celle-ci: 1

Message:

Messieurs,

De la part de mes collègues directeurs de cette société de services et d'ingénierie informatiques, je désire formuler une plainte visant les services de dédouanement dans les aéroports britanniques.

A plusieurs reprises depuis le mois d'octobre 199-, les matériaux envoyés de Bruxelles à des distributeurs en Grande-Bretagne ont subi des retards inexplicables et injustifiables. Afin de réussir, cette entreprise se doit[1] de répondre très rapidement à la demande du marché; de plus, les différents documents requis et notre licence d'exportation ont toujours été en règle.

Cette communication par télécopie a été précipitée par le retard le plus long et le plus frustrant que nous ayons[2] eu jusqu'à présent à l'aéroport de Gatwick hier, ce qui a permis à l'un de nos concurrents de signer un important contrat à notre place.

Si le marché unique veut fonctionner correctement, c'est précisément le genre de situation que l'on veut éviter. J'ai l'intention de contacter la chambre de commerce compétente, mais en attendant j'exige de la part de vos douaniers une explication écrite de la raison pour laquelle l'envoi AT/463 n'a pas été autorisé à entrer immédiatement dans le pays le 20 février 199-.

Dans l'attente de votre réponse, je vous prie d'agréer, Messieurs, ma parfaite considération.

Dr. Norberto Mateos
(Président Directeur Général)

1 Literally, 'owes to itself (to)'.
2 Subjunctive.

43 Stating delivery conditions

1 August 199-

Your Reference: AD/LR
Our Reference: TH/PA

Sr José Escalante
Managing Director
Escalante e Hijos
Avenida del Sol
San Sebastián
SPAIN

Dear Mr Escalante

Thank you for your fax communication of yesterday regarding the delivery of the chickens and other poultry ordered by you from this company in early July. As we indicated in our original quote to Mr Salas, who first contacted us, the delivery can only be guaranteed if your bank is able to confirm that debts owed to us will be cleared this week.

Please note that our drivers would much appreciate assistance with overnight accommodation and that any costs they incur should be charged directly to Bury Farm on completion of the delivery next week.

We look forward to hearing from you on both matters.

Yours sincerely

Tom Holbrook
Transport Manager

43 Exposer ses conditions de livraison

                                            M. Joël Escalante
                                            Directeur Général
                                            Escalante et Fils
                                            Avenue du Soleil
                                            64000 Pau
                                            France

                                            Craven Arms, le 1er août 199-

Votre Réf.: AD/LR
Notre Réf.: TH/PA

Monsieur,

Nous vous remercions de votre communication télécopiée d'hier concernant votre commande de poulets et autres volailles datant de début juillet. Comme nous vous l'avons précisé dans notre devis adressé à M. Salas qui nous a contactés dès le début, la livraison pourra être livrée sous la seule condition que votre banque nous confirme que vos dettes seront réglées cette semaine.

Nous vous serions reconnaissants de bien vouloir aider nos chauffeurs à trouver un logement pour la nuit. Les frais engendrés devront être facturés directement à Bury Farm une fois la livraison effectuée la semaine prochaine.

Dans l'attente de vos réponses sur les deux points soulevés ci-dessus, je vous prie d'agréer, Monsieur, l'expression de mes meilleurs sentiments.

Tom Holbrook
Directeur du service transport

44 Confirming time/place of delivery

12 June 199-

Your Reference: RCG/LP
Our Reference: FG/JD

Dr Rosa Castro Giménez
Subdirectora
Departamento de Relaciones Exteriores
Ministerio de Industria
Quito
ECUADOR

Dear Madam

Further to our communication of 9 May in which we outlined to your department the likely oil needs of the companies we represent, it is with some concern that we have heard indirectly that your Ministry may be unable to fulfil its immediate responsibilities. We would be most obliged to hear, at your earliest convenience, that the draft agreement signed recently by our representatives remains valid.

In spite of our concern we are fully committed to the trading relations discussed and as such wish to confirm details of the first delivery of the manufactured goods which are being exchanged for the above-mentioned oil imports. Carlton Excavators plc have confirmed this week that the consignment of earthmovers, tractors and diggers bound for Constructores Velasco was loaded on Monday of this week. It should reach the port of Guayaquil by the end of the month. We will, of course, provide you with more precise details nearer the time.

Meanwhile, please accept our best wishes for the continuation of our collaborative venture as we await your confirmation regarding the deliveries of your oil to the New South Wales terminal.

Yours faithfully

Frank Gardner
SENIOR PARTNER

44 Confirmer la date et le lieu d'une livraison

Dr. Rossa Castro Giménez,
Directrice Adjointe,
Département de Relations Extérieures,
Ministère de l'Industrie,
Cayenne,
Guyane Française[1]

Sydney, le 12 juin 199-

Votre Réf.: RCG/LP
Notre Réf.: FG/JD

Chère Madame,

A la suite de notre communication du 9 mai par laquelle nous vous avons fait part du besoin approximatif de nos entreprises en pétrole, c'est avec une certaine inquiétude que nous avons appris indirectement que votre ministère ne sera pas à même d'assurer ses responsabilités. Nous vous serions très obligés de bien vouloir nous faire savoir le plus rapidement possible que le projet d'accord récemment signé par nos mandataires demeure valable.

Malgré notre inquiétude, nous sommes totalement engagés au niveau des relations commerciales dont nous avons discuté et nous désirons ainsi confirmer les détails de la première livraison des marchandises fabriquées qui doivent être échangées avec les importations de pétrole mentionnées ci-dessus. Carlton Excavators plc a confirmé cette semaine que la commande de bulldozers, tracteurs et pelleteuses était prête à partir pour Constructeurs Vauban lundi prochain. Elle devrait arriver à Cayenne d'ici la fin du mois. Nous vous donnerons de plus amples détails dès que possible.

Je vous prie d'agréer, chère Madame, l'expression de nos meilleurs voeux pour la poursuite de notre coopération tout en attendant votre confirmation au sujet des livraisons de votre pétrole au terminal pétrolier de New South Wales.

Frank Gardner
Associé majoritaire

1 French Guiana.

45 Checking on mode of transportation

19 February 19-

Your ref. SM/MB
Our ref. TS/PU

Mr Sebastián Morán
Sales Manager
Hermanos García SA
Carretera Luis Vargas, 24
CUENCA
Spain

Dear Mr Morán

Thank you for your letter sent on Tuesday last in which you refer to the kitchen equipment we ordered from García Brothers in December. As you know, our market has been rather depressed, but there are recent signs of improvement, and as a result we now need to receive the cupboard doors and worktops much more promptly than hitherto.

Can you please confirm that where necessary you would be able to deliver some items by road, or even by air if very urgent, rather than by the sea route you currently use?

We have checked that from Valencia it would be possible to airfreight at a reasonable price to East Midlands Airport on a Monday afternoon and a Thursday evening.

I would be grateful if you could send us a reply once you have been able to ascertain whether our proposal is viable.

Yours sincerely

Trevor Sharp
Warehouse Manager

45　Choix d'un moyen de transport

M. Sebastien Moren,
Directeur des ventes,
Frères Garcia SA,
150 rue des Barricades,
84300 Cavaillon,
France

Leicester, le 19-02-199-

Votre Réf.: SM/MB
Notre Réf.: TS/PU

Cher Monsieur,

Nous vous remercions de la lettre que vous nous avez envoyée mardi dernier dans laquelle vous vous référiez aux aménagements de cuisines que nous avons commandés aux Frères Garcia en décembre. Comme vous le savez, notre marché a récemment été en crise mais est maintenant en passe d'amélioration et nous avons donc besoin de recevoir les portes de placards et les plans de travail beaucoup plus rapidement que nous en avions l'habitude.

Pourriez-vous nous confirmer que, si nécessaire, il vous serait possible d'acheminer la marchandise voulue par transport routier ou aérien pour les demandes urgentes, plutôt que par transport maritime utilisé jusqu'ici?

Nous avons vérifié la possibilité d'envoyer la marchandise par avion à un prix raisonnable de Marseille à l'aéroport des East Midlands le lundi après-midi et le jeudi soir.

Nous vous serions très reconnaissants de bien vouloir nous donner votre réponse quant à la réalisation de notre proposition.

Vous en remerciant par avance, nous vous prions d'agréer, cher Monsieur, nos salutations distinguées.

Trevor Sharp
Chef magasinier

46 Claiming for transportation damage

24 January 199-

Claims Department
Lifeguard Assurance plc
Safeside House
High Street
Bromsgove
Worcs.

Dear Sir/Madam

POLICY NO. AL 78/2139B

My letter concerns a claim I wish to make on behalf of this firm, Anchor Lighting. We have had a policy with your company for many years, and rarely have needed to call upon your services. This time, however, we have suffered a serious financial loss due to damage incurred during the transit of goods.

Last week a whole consignment of lamps and other fittings was lost when our delivery truck ran off the road and turned over. The retail value of the merchandise ruined was in the region of £7,000, a sum equivalent to an entire quarter's profit.

I would be most grateful if you could send at your earliest convenience a major claim form and some general information on your settlement procedures.

Our policy number is as follows: AL 78/2139B.

I look forward to hearing from you soon.

Yours sincerely

Brian Tomkinson
(Proprietor)

46 Demande d'indemnité pour dégâts à des marchandises en transit

Service Indemnités,
Cabinet d'Assurances Ange
53 rue de la République,
25300 Pontarlier,
France

Granville, le 24 janvier 199-

Objet: Police d'assurance no. AL 78/2139B

Monsieur, Madame,

Nous aimerions formuler une demande d'indemnité au nom de notre entreprise Luminaires Ancre. Nous avons souscrit chez vous une police pendant plusieurs années en n'utilisant vos services que[1] très rarement. Cette fois, cependant, nous avons souffert d'importantes pertes financières à cause de dommages subis par des marchandises en transit.

La semaine dernière, un envoi complet de lampes et autres équipements a été perdu lors de l'accident d'un de nos camions de livraison qui a quitté la route et s'est renversé. La valeur marchande[2] de la marchandise perdue s'élevait à environ 70 000,00 francs, une somme équivalente aux bénéfices d'un trimestre[3] entier.

Nous vous serions donc très reconnaissants de bien vouloir nous envoyer le plus rapidement possible un formulaire de déclaration de sinistre[4] et les informations générales concernant les procédures pour le règlement.

Notre numéro de Police d'Assurance est le suivant: AL 78/2139B.

Dans l'attente d'une prompte réponse, nous vous prions d'agréer, Monsieur, Madame, nos respectueuses salutations.

Bertrand Tellier
(Propriétaire)

1 *n'... que*: stands for *ne... que*: 'only', e.g. *Je ne pars que demain.*
2 'Market value'.
3 *Un trimestre* is literally a three-month period.
4 *Un sinistre*: 'disaster', 'fire'.

47 Enquiring about customs clearance

10 August 199-

Your ref.
Our ref. TC/LJ

The Customs and Excise Branch
Chilean Trade Ministry
SANTIAGO
Chile
South America

Dear Sirs

I have been advised to write to you directly by the Commercial Section of the Chilean Embassy in London. My company produces high-tech toys for the world market; at a recent trade fair in Barcelona several Chilean retailers expressed interest in importing our products, but we were unable to provide information on customs formalities in your country. Similarly, the London Embassy has recommended that I consult your Branch to seek up-to-date information.

The situation is as follows: our products include computer games, remote-control toy cars, mini-sized televisions etc. It seems that goods made in the EU are subject to a customs process rather more restrictive than those from Japan or the USA. As my company is a wholly-owned subsidiary of a US parent firm, would it be easier and cheaper to export to Chile from the USA rather than from Britain?

My intention is not merely to circumvent regulations but to optimize our operations, particularly at a time when such matters as customs clearance can result in costly delays.

I thank you for your attention and look forward to an early reply.

Yours sincerely,

Thomas Carty
MANAGING DIRECTOR

47 Demande de renseignements concernant les formalités douanières

>Le Service des Douanes,
>Ministère du Commerce,
>SANTIAGO,
>Chili,
>Amérique du Sud
>
>Evry, jeudi 10 août 199-

Messieurs,

Le service commercial de l'Ambassade Chilienne à Paris m'a conseillé de vous écrire directement. Mon entreprise fabrique des jouets de technologie avancée pour le marché mondial. Lors d'un récent salon à Barcelone, plusieurs détaillants chiliens ont exprimé l'intérêt d'importer nos produits mais nous sommes dans l'incapacité de leur fournir quelque information que ce soit[1] sur les formalités douanières de votre pays. L'ambassade de Paris nous a également conseillé de contacter votre service afin de nous donner les renseignements les plus à jour.[2]

La situation est la suivante: nos produits comprennent des jeux informatiques, des voitures modèles réduits télécommandées, des télévisions miniatures, etc. Il semble que les produits fabriqués en Europe soient soumis à des vérifications douanières beaucoup plus sévères que ceux provenant du Japon ou des Etats-Unis. Du fait que cette entreprise est une filiale entièrement possédée par une maison mère située aux Etats-Unis, serait-il plus facile et moins cher d'exporter au Chili à partir des Etats-Unis au lieu de la France?

Mes intentions ne sont pas d'outrepasser les règlements mais d'optimiser nos opérations surtout lorsque l'on sait que de nos jours les démarches de dédouanement peuvent entraîner de coûteux retards.

Je vous remercie de votre attention et espère recevoir très prochainement votre réponse.

Dans cette attente, nous vous prions de recevoir, Messieurs, nos salutations distinguées.

Thierry Cartier
Directeur Général

1 'Any information at all'.
2 Cf. *mettre à jour*: 'to bring up to date', 'to update'.

48 Undertaking customs formalities

27 November 199-

Your ref.
Our ref. RM/AP

HM Customs and Excise
Government Offices
LONDON WC2

Dear Sir/Madam

I write to inform you of a business operation in which my company is to be involved for the first time and to request your advice in the case of any misapprehension on my part.

As sole director of Leatherlux I have recently been able to conclude a deal with a firm of suppliers in Tunisia. I imagine that as a non-EU nation Tunisia cannot trade with complete freedom from import/export levies. I wish therefore to inform you that I intend to import from Nabeul in the next fortnight the following articles:

- 150 men's leather jackets
- 50 pairs of ladies' leather trousers
- 250 leather belts
- 100 pairs of leather sandals
- 50 pairs of men's leather boots

I anticipate paying approximately £3,000 for the consignment. Can you please provide me with official documentation (if required) or confirm by fax that I shall be required to pay some form of duty on these imports?

I thank you in anticipation of your assistance.

Yours faithfully

Royston McAughey
Managing Director

48 Se familiariser avec les formalités douanières

Bureaux des Douanes,
CDP Contrôle Douanier,
52 rue du Louvre,
75001 Paris

Angoulême, le 27/11/199-

Votre Réf.
Notre Réf: RM/AP

Messieurs,

Je vous écris pour vous informer d'une transaction dans laquelle mon entreprise sera impliquée pour la première fois et vous demander conseil afin d'éviter tout déboire.[1]

En tant qu'unique directeur de 'Cuirlux' j'ai récemment conclu un marché avec une entreprise de fournisseurs en Tunisie. J'imagine qu'étant un pays ne faisant pas partie de l'Union Européenne, la Tunisie ne peut pas opérer de transactions non soumises à l'imposition[2] Import/Export. Je désire par conséquent vous informer de mon intention d'importer de Nabeul d'ici quinze jours les articles suivants:

    150 vestes d'hommes en cuir
     50 paires de pantalons en cuir pour femmes
    250 ceintures en cuir
    100 paires de sandales en cuir
     50 paires de bottines en cuir pour hommes

Je pense devoir une somme d'environ 25 000 francs pour cet envoi. Vous serait-il possible de m'envoyer les formulaires et la documentation officielle (si nécessaires) ou au moins me confirmer par télécopie, si possible, que je devrai être imposé d'une manière ou d'une autre sur ces importations?

Vous remerciant par avance de votre coopération, je vous prie d'agréer, Messieurs, l'assurance de mes meilleurs sentiments.

Raymond Arlery
Directeur Général

1 'To avoid any mishap'.
2 'Subject to taxation'.

49 Informing of storage facilities

13 June 199-

Your ref. JG/TK
Our ref. JS/PI

Hurd's (International) Removals
34-36, Wesley Avenue
CROYDON
Surrey

Dear Mrs Gordon

I am pleased to inform you that the container of household goods your company contracted us to transport from Australia to England has now been delivered to our depot here in Kent.

We will need by the end of this week to complete the official formalities, but you are welcome to pick up the unloaded contents for onward delivery to your customer from next Monday.

If you prefer to leave the goods here in store until further notice, please consult our price list (enclosed) for storage facilities and let us know your intention by fax.

When your driver does come to pick up the goods, he should enter the terminal by the side entrance which will lead him straight to the relevant loading area, marked DOMESTIC.

I trust these arrangements meet with your approval.

Yours sincerely

Jim Smith
Depot Manager

Enc.

49 Informer un client d'une possibilité d'entreposage

Déménageurs Demongeau,
106 avenue de la Forêt,
60500 Chantilly,
France

Bordeaux, le 13 juin 199-

Votre Réf.: JG/TK
Notre Réf.: JS/PI

Messieurs,

Je suis heureux de vous informer que le conteneur d'appareils ménagers dont vous nous avez confié le transport d'Australie en France vient d'être livré ici dans notre entrepôt de Bordeaux.

Nous devrons, d'ici la fin de la semaine, effectuer les démarches officielles mais il vous est tout à fait possible de venir récupérer les produits déchargés afin de pouvoir honorer la commande de votre client lundi prochain.

Si vous préférez laisser les marchandises en dépôt ici jusqu'à nouvel ordre, veuillez consulter nos tarifs pour entreposage en annexe et veuillez nous faire part de votre décision par télécopie.

Quand votre chauffeur viendra chercher les marchandises, il devra accéder au terminal par l'entrée latérale et arriver directement dans la zone de chargement appropriée, signalisée "METROPOLE".[1]

En espérant que ces arrangements vous conviendront, je vous prie de croire, Messieurs, à l'expression de nos sentiments respectueux.

Jacques Sautelle
Chef magasinier

P.J. (1): Tarifs d'entreposage

1 *La métropole* is metropolitan (mainland) France.

50 Assuring of confidentiality of information

1 November 199-

Your ref. EF/LJ
Our ref. HE/PI

Dr Ernesto Furillo
University Hospital
University of Managua
Managua
República de Nicaragua

Dear Dr Furillo

MISS ALICIA BARTOLOMÉ

Thank you for your letter of last month in which you sought confirmation that the reference you provided for Miss Alicia Bartolomé and her personal details would remain confidential.

It is the policy of the Government and of this Ministry to maintain total discretion when dealing with citizens from other countries who come here in order to develop their professional studies. Miss Bartolomé's course begins in three weeks' time, by which time her curriculum vitae will have been duly stored on computer in this Ministry and will be accessible only to those with the due authorization.

As you will be well aware the need for confidentiality in matters such as these is paramount, so you may rest assured that all proper measures will be taken to protect the interests of your organization and of its employees.

Yours sincerely

Hortensia Enríquez Castro
Personnel Supervisor

50 Promettre la confidentialité au sujet de renseignements donnés

Dr Ernesto Furillo,
CHR de Créteil,
94000 Créteil,
France.

La Habana, le 1er novembre 199-

Votre Réf.: EF/LJ
Notre Réf: HE/PI

Cher Monsieur,

Nous vous remercions de votre lettre du mois dernier, dans laquelle vous nous demandiez la confirmation d'avoir traité dans la plus stricte confidentialité la lettre de recommandation et les informations personnelles concernant Mlle Alicia Bartholémy que vous nous avez si gentiment fait parvenir.[1]

Il est du devoir du gouvernement et de son ministère, de garder la plus grande discrétion concernant les citoyens provenant d'autres pays qui viennent approfondir leurs études professionnelles. Les cours de Mlle Bartholémy commencent dans trois semaines; d'ici là, son curriculum vitae aura été saisi[2] sur le système informatique de ce ministère et sera uniquement accessible par les personnes munies d'une autorisation.

Comme vous devez le savoir, la nécessité d'une stricte confidentialité dans des cas comme celui-ci est d'une suprême importance; vous pouvez ainsi être rassuré des mesures prises afin de protéger l'intérêt de votre organisme et celui de vos employés.

Je vous prie de recevoir, cher Monsieur, nos salutations distinguées.

Hortensia Enríquez Castro
Chef d'équipe du personnel

1 'That you (have) so kindly sent'.
2 Note the special use here of *saisir*, the basic meaning of which is 'to seize'.

51 Informing a client on conditions of loans/mortgages available

14 July 199-

Your ref. GB/LK
Our ref. PH/VE

Mr G Brookham
Managing Director
MultiCast
Floor 11
Forum House
Dukeries Avenue
Mansfield

Dear Mr Brookham

Since receiving your letter of 23 June we have been making enquiries on the matter of financing that you raised. You will find enclosed three leaflets containing information about properties you may find interesting. They are self-explanatory and we shall await your reaction to them.

More pressing, perhaps, is the question of finance. Having consulted local banks as well as our own finance broker, we have concluded that you would do best to arrange a meeting with the latter, Charles Element, who will be pleased to outline a variety of mortgage as well as short-term loan plans.

All the four major banks in town offer facilities for loans, so you may prefer to try them before meeting Mr Element. However, it certainly appears that our broker can secure more favourable conditions if you are interested principally in a short-term loan.

Please see our broker's details below:

Element Financial Services, Star Chambers, High Street, Worksop, Nottinghamshire.

Yours sincerely

Percy Hartshorn
Customer Liaison

Encs

51 Informer la clientèle des prêts logement[1] disponibles sur le marché

M. Gilles Bourdieu,
Multicast,
11 rue Gambetta,
12000 Rodez.

Millau, le 14 juillet 199-

Monsieur,

Depuis la réception de votre lettre du 23 juin, nous avons fait des recherches concernant les problèmes de financement que vous avez soulevés. Vous trouverez ci-joint trois brochures contenant les informations au sujet des propriétés que vous pourriez juger intéressantes. Elles parlent d'elles-mêmes et nous attendons de savoir ce que vous en pensez.

Le plus pressant est peut-être la question du financement. Ayant consulté les établissements bancaires de la région ainsi que notre propre courtier, nous en avons conclu que la meilleure solution serait que vous preniez rendez-vous avec ce dernier, Gérard Element, qui se fera un plaisir de vous exposer les différentes possibilités en ce qui concerne les prêts logement ainsi que les prêts à court terme.

Les quatre banques principales de cette ville offrent toutes des prêts, ainsi préférerez-vous les contacter avant de rencontrer M. Element. Cependant, il semble que sans aucun doute, notre courtier pourrait garantir de meilleures conditions si vous êtes principalement intéressé par le prêt à court terme.

Veuillez trouver ci-dessous les coordonnées de notre courtier:
Services Financiers Element,
10 rue de l'Etoile,
34000 Montpellier

Veuillez agréer, Monsieur, l'assurance de nos meilleurs sentiments.

Laurent Carlton
Relations clientèle

P.J. (3): Brochures descriptives de propriétés.

1 Another word for mortgage is *une hypothèque*.

52 Circulating local businesses with property services available

12 January 199-

Our ref. CE/MB

To: Directors of all businesses in the Castilla-León region

Dear Colleague

I take the opportunity to write to you on behalf of myself and my partner, Ana Martiarena, in order to publicize as widely as possible the property services we can make available to businesses in the region.

Since establishing our company here in 1976 we have gradually expanded our range of activities and clients. Most recently we have opened a free advice centre in Puentenorte for any member of the public to obtain up-to-date information on the property market.

As regards the needs of business, we offer the following services:

- a weekly guide to premises for rent and sale
- a direct link to sources of finance
- rent-collection service
- legal and insurance consultancy
- assistance in securing mortgages
- technical support in planning space and furbishment
- computer database linked to the national property network

These and many more services are available from us, and all are on your doorstep. Don't hesitate – call us today on 234 56 71 or come in person to 69 Calle Balbita, Puentenorte, where you can be sure of a warm welcome.

Yours sincerely

Carlos Estévez

52 Circulaire adressée aux entreprises de la région concernant les services immobiliers disponibles

Moulins, le 12 janvier 199-

A l'attention de tous les Directeurs de toutes les entreprises de la région d'Auvergne

Notre Réf.: CE/MB

Cher Collègue,

Mon associée, Anne Montaigu et moi-même vous adressons cette lettre afin de diffuser aussi largement que possible les services immobiliers que nous pouvons offrir aux entreprises de la région.

Depuis la création de cette entreprise en 1976, nous avons progressivement développé notre gamme d'activités et de clients. Nous venons d'ouvrir un centre d'informations à accès libre à Moulins destiné à tout membre du public désirant obtenir les dernières informations sur le marché immobilier.

En ce qui concerne les besoins particuliers des entreprises, nous pouvons offrir les services suivants:

- une brochure hebdomadaire donnant tous les renseignements concernant les locaux à vendre et à louer;
- une liaison directe avec les établissements de financement;
- un service de gestion des locations;[1]
- un cabinet de conseil en droit et assurances;
- une aide à l'obtention de prêts immobiliers;[2]
- un soutien technique pour la planification de l'espace et la décoration;
- une base de données informatiques reliée au réseau immobilier national.

Nous pouvons mettre à votre disposition tous ces services et bien d'autres encore. N'hésitez pas à nous appeler dès aujourd'hui au 44 56 23 71 ou à nous rendre visite personnellement au 45 Avenue du Général Leclerc, Moulins, où le meilleur accueil vous sera réservé.

Dans cette attente, veuillez recevoir, cher Collègue, nos respectueuses salutations.

Charles Eluard

1 Literally, 'management of lettings'.
2 Another word for 'a mortgage' is *une hypothèque*.

53 Advertising maintenance services available for office equipment

30 January 199-

Your ref.
Our ref. TH/JY

To: Office Managers:
Motor Sales businesses
in South London area

Dear Colleague

You may be aware from press advertising that our firm offers a new service to the motor trade, particularly to maintain equipment used in processing stores supplies. Most large dealerships with service and accessories departments have installed a fully-integrated system that reduces drastically the need for large numbers of warehousemen.

The service charge is £350 per quarter, irrespective of visits made or problems solved; this figure also includes a component of insurance that covers both the dealership and ourselves against major breakdowns.

In recent months we have signed such service contracts with more than 40 dealerships whose names we are happy to supply if you are interested in checking our claims.

Thank you for your attention. Please do not hesitate to ring or fax us this week if the enclosed information leaflet is relevant to your needs.

Yours sincerely

Tom Henderson
Managing Director

Enc.

53 Promouvoir ses services d'entretien pour le matériel de bureau

A l'attention de la Direction de tous les concessionnaires de la région de Lyon

Notre réf.: TH/JY

Lyon, le 30 janvier 199-

Cher Collègue,

Vous avez très certainement appris par la publicité parue dans la presse que nous offrons un nouveau service à l'industrie automobile, particulièrement en ce qui concerne l'entretien du matériel utilisé par les fournisseurs de pièces. La plupart des concessionnaires offrant services et accessoires disposent de systèmes de traitement de données intégrés[1] qui réduisent considérablement le nombre des magasiniers nécessaires.

Le coût de ce service est de FF 3 500,00 par trimestre quels que soient les visites faites ou les problèmes résolus; ce chiffre comprend également une assurance couvrant le concessionnaire, et nous-mêmes, en cas de grosses pannes.

Au cours des derniers mois, nous avons signé de semblables contrats avec près de 40 concessionnaires dont nous sommes prêts à communiquer les noms si vous désiriez faire des vérifications.

Si vous trouvez les informations contenues dans la brochure ci-jointe intéressantes, n'hésitez pas à nous contacter.

Vous remerciant de votre attention, nous vous prions d'agréer, cher Collègue, l'assurance de nos meilleurs sentiments.

Thomas Hendaye
Président Directeur Général

P.J. (1): Brochure

1 Literally, 'have at their disposal integrated data-processing systems'.

54 Arranging a meeting for further discussions

4 October 199-

Our ref: TSS/EHK

Mr Angelo Ricasso
Cuscinetti SAS
Via Alessandro Manzoni, 32
20050 Triuggio (MI)
Italy

Dear Mr Ricasso

RE: THRUST BEARINGS

In 1989 we met in order to discuss the addition of our thrust bearings to the Dudley range for sale in your country.

We regret that due to many changes which have occurred in this company and in our parent company no progress was made with our arrangements, and we understand that it must have been disappointing for you not to have heard from us for such a long time.

We are now willing to try again, if you have not made other arrangements and we would like to arrange a meeting with you in Cologne at the Hardware Fair next March.

We look forward to hearing from you,

Yours sincerely

Thomas Stone
SALES DIRECTOR

54 Organiser une réunion pour de plus amples discussions

M. André Ricard,
Mécaniques du Nord,
200 rue Fernand Forest,
59000 Lille,
France

Dudley, le 4 octobre 199-

N/Ref.: TSS/EHK

Objet: Roulements de butée

Cher Monsieur,

En 1995, nous nous sommes rencontrés afin de discuter de nos projets d'ajouter nos roulements à la gamme de produits que nous vendons dans votre pays.

Nous regrettons beaucoup que suite à des restructurations réalisées au sein de cette entreprise et de la maison mère, nous n'avons pas pu faire avancer ces projets et comprendrions fort bien que vous ayez été[1] déçus de ne pas avoir eu de nos nouvelles pendant un laps de temps aussi long.

Nous désirons maintenant faire un nouvel essai si vous n'avez pas pris d'autres dispositions entre-temps et aimerions beaucoup organiser une réunion avec vous lors du Salon de la Quincaillerie à Cologne en mars prochain.

Dans l'attente de vos nouvelles, je vous prie d'agréer, cher Monsieur, l'assurance de notre parfaite considération.

Thomas Stone
Directeur des ventes

1 Literally, 'we would understand that you may have been'.

55 Reservations

Enquiry about hotel accommodation (fax)

17 April 199-

Hotel Lucullus
Amadeusplatz 27
Hannover
Germany

Dear Sirs

I am attending the trade fair in Hanover in May with two colleagues, and we shall need rooms for three nights. Please could you confirm availability and price of the following:

– three single rooms with bath/shower from 3 to 6 May.

Yours faithfully

Fred Garner

55 Réservations

Demande de renseignements au sujet de chambres d'hôtel (télécopie)

Hotel Lucullus,
Square Amédée,
21000 Dijon,
Bourgogne,
France.

Coventry, Angleterre, le 17 avril 199-

Chers Messieurs,

J'assisterai, en compagnie de deux de mes collègues, au salon professionnel de Dijon en mai et nous aurions à cette occasion besoin[1] de chambres d'hôtel pendant trois nuits. Vous serait-il possible de nous indiquer vos prix et disponibilités pour les dates et chambres suivantes:

– trois chambres à une personne avec salle de bain/douche du 3 au 6 mai.

Vous en remerciant par avance, nous vous prions d'agréer, chers Messieurs, l'assurance de nos meilleurs sentiments.

Fred Garner

1   Literally, 'we would have need'.

56 Reservations

Confirmation of reservation (fax)

6 June 199-

Ms G Cole
Ledington Parker plc
Moreton Avenue
Birmingham
B37 9KH

Dear Ms Cole

Room reservation 15–18 November

We confirm that we are able to offer the following accommodation:

> Four single rooms with shower/WC @ £150 per night, inclusive of breakfast and service.

We should be grateful if you could confirm the booking in writing as soon as possible.

Yours sincerely

H Japer
Manager

56 Réservations

Confirmation d'une réservation

Mme G. Cole,
Ledington Parker plc,
Moreton Avenue,
Birmingham B37 9KH,
Angleterre

Pau, le 6 juin 199-

Objet: Réservation de chambres du 15 au 18 novembre

Chère Madame,[1]

Nous vous confirmons la disponibilité des chambres suivantes:

4 chambres pour une personne
avec douche et toilettes
à 1 245 Frs par nuit, petit déjeuner et service compris.

Nous vous serions très reconnaissants de bien vouloir nous confirmer cette réservation par écrit le plus rapidement possible.

Vous en remerciant par avance, nous vous prions d'agréer, chère Madame, l'assurance de nos salutations distinguées.

H. Japer
Gérant

1 A 'Ms' is a *Mlle* (*Mademoiselle*) but the hotel is playing safe in case the correspondent is a *Madame*.

57 Reservations

Change of arrival date

3 March 199-

Ms J Hinton
Hotel Bonner
46 Southampton Way
London
SE39 8UH
England

Dear Madam

We have today received your confirmation of our booking of three single rooms from 18 to 23 March.

Unfortunately, we have had to change our plans, and shall not now arrive in London until the morning of 20 March. We would be grateful if you could change the reservation accordingly: we now require three rooms from 20 to 23 March.

With thanks for your assistance.

Yours faithfully

Jacques Duclos

57 Réservations

Modification d'une arrivée

>Ms J. Hinton,
>Hotel Bonner,
>46 Southampton Way,
>London SE39 8UH,
>Angleterre
>
>Amiens, lundi 3 mars 199-

Chère Madame,

Nous venons de recevoir votre confirmation de notre réservation pour trois chambres à une personne du 18 au 23 mars.

Nous devons malheureusement modifier nos projets et n'arriverons pas à Londres avant le 20 mars au matin. Nous vous serions très reconnaissants de bien vouloir changer, en conséquence, notre réservation. Nous voudrions donc trois chambres du 20 au 23 mars.

Vous en remerciant par avance, je vous prie d'agréer, chère Madame, l'expression de nos salutations distinguées.

Jacques Duclos

58 Reservations

Request for confirmation of reservation

19 June 199-

Ms J Petersen
45 Dorrington Terrace
Bradford
Yorkshire
England

Dear Ms Petersen

You made a telephone reservation one week ago for a single room for two nights (20–22 July). We indicated to you when you made the reservation that we would hold it for one week, but that we required written confirmation.

If you still wish to reserve the room, we would be grateful if you would please confirm by fax within 24 hours, or we shall have to reserve the room for other clients.

Thank you for your cooperation.

Yours sincerely

John Bromwich
Manager

58 Réservations

Demande de confirmation d'une réservation

Ms Petersen,
45 Dorrington Terrace,
Bradford,
Yorkshire,
Angleterre

Strasbourg, le 19 juin 199-

Chère Mademoiselle,

Vous avez réservé par téléphone, voici une semaine, une chambre pour une personne pour deux nuits (20 au 22 juillet). Lorsque vous avez effectué cette réservation, nous vous avions dit que nous la maintiendrions pendant une semaine et qu'une confirmation écrite était nécessaire.

Si vous désirez toujours retenir cette chambre, nous vous serions très reconnaissants de bien vouloir nous le confirmer par télécopie sous[1] 24 heures à défaut de quoi[2] nous réserverons cette chambre pour d'autres clients.

Vous remerciant par avance de votre coopération, nous vous prions d'agréer, chère Mademoiselle, l'expression de nos sentiments respectueux.

Jean Baumgertner
Gérant

1 Literally, *under*, meaning 'within'.
2 'Failing which'.

59 Insurance

Request for quotation for fleet car insurance

7 October 199-

Hartson Insurance Services
24 Westbury Way
Sheffield
S12 9JF

Dear Sirs

We understand from colleagues that you specialize in insurance for company fleet cars. We have a large fleet of executive saloons, and are currently obtaining quotations for insurance cover.

If you are interested in giving us a quotation, could you please contact Ms Helen Bridges, our fleet manager, who will give you the appropriate details.

Yours faithfully

D J Herbert

59 Assurance

Demande d'un devis pour assurer des véhicules de fonction

Assurance Alliance,
24 boulevard Jourdain,
75000 Paris

Paris, le 7 octobre 199-

Messieurs,

D'après certains de nos collègues, il semble que vous soyez spécialisés dans les assurances pour voitures de fonction. Nous possédons un bon nombre de ces véhicules et sommes actuellement en train de formuler la demande d'un certain nombre de devis.

Si vous pensez être intéressés par nos besoins, nous vous serions très reconnaissants de bien vouloir contacter Mme Hélène Brun, la responsable des véhicules, qui vous donnera de plus amples informations.

Veuillez recevoir, Messieurs, l'expression de nos salutations distinguées.

Dennis Hébert
Président

60 Insurance

Reminder of overdue premium

21 November 199-

Mr R Collins
45 Delta Road
Stoke-on-Trent

Dear Mr Collins

Your vehicle, registration no H351 AWL is currently insured by us. We sent you several days ago a reminder that the insurance renewal premium was due. We have still not received this from you. We have to write to inform you that unless we receive payment within 72 hours, the insurance cover will lapse.

We would be most grateful if you would send your payment directly to our office in Gower Street, London.

Yours sincerely

Gerald Smith

60 Assurance

Rappel pour le règlement d'une prime

Mr R. Collins,
45 rue des Remparts,
62000 Boulogne sur Mer,
France

Leeds, le 21 novembre 199-

Monsieur,

Nous assurons actuellement votre véhicule immatriculé 4639 XX 62.[1] Voici plusieurs jours de cela, nous vous avons envoyé une note de rappel de votre cotisation pour votre police d'assurance. Nous ne l'avons toujours pas reçue. Nous devons vous informer qu'à moins de recevoir le montant de cette cotisation d'ici 72 heures, vous ne serez plus couvert par l'assurance.

Nous vous serions donc très reconnaissants de bien vouloir nous faire parvenir votre règlement par retour, adressé à notre agence de Gower Street à Londres.

Dans cette attente, veuillez agréer, Monsieur, l'assurance de notre parfaite considération.

Gerald Smith

1 A French number plate (*la plaque d'immatriculation*) with the number of the *département* (Nord, 62) as part of it. Could this be a Channel Tunnel commuter?

61 Insurance

Submission of documents to support claim

6 October 199-

Darton Insurance Services
59 Tristan Road
Uttoxeter
Staffordshire

Dear Sirs

I submitted to you several days ago a claim form under the terms of my motor vehicle insurance (policy number CDF 9486756 UY 94766). Your head office has since requested from me the original policy document. I regret to inform you that this is no longer in my possession, and I enclose herewith a photocopy. I trust that this will meet with your requirements.

Yours faithfully

A Lightowlers

Enc.

61 Assurance

Soumission de documents pour la déclaration d'un accident de voiture

Cabinet d'assurances Daumier
107 rue du Château,
14000 Caen

Cabourg, mercredi 6 octobre 199-

Messieurs,

Je vous ai fait parvenir voici quelques jours un formulaire de déclaration d'accident concernant ma police d'assurance pour mon véhicule (police no. AA 9489 6756 bb/am). Depuis, les bureaux de votre siège m'ont demandé l'original de mon contrat d'assurance. Je suis désolé de vous apprendre que ce document n'est plus en ma possession et j'en joins à cette lettre une photocopie.

Dans l'espoir que cela sera suffisant pour l'usage que vous voulez en faire, je vous prie d'agréer, Messieurs, mes salutations distinguées.

André Lalumeau

P.J. (1): Photocopie de mon contrat d'assurance

62 Insurance

Taking out third party vehicle insurance

18 November 199-

Uxbridge Insurance
Grosvenor House
12b Weston Terrace
Bournemouth
Hants

Dear Sirs

<u>RE: QUOTATION RC28FO</u>

Thank you for sending me your quotation. I confirm that I wish to take out Third Party car insurance, and I enclose the appropriate fee in the form of a cheque.

I should be grateful if you could send me confirmation of receipt and the policy certificate as soon as possible.

Yours faithfully

Oliver Gissing

62 Assurance

Prendre une assurance voiture au tiers

Assurances Rhône et Saône,
87 rue du Vieux Quartier,
13000 Marseille

Cannes, le 18 novembre 199-

Objet: Devis no. RC28FO

Messieurs,

Ayant reçu votre devis, dont je vous remercie, j'aimerais contracter une police d'assurance au tiers. Vous trouverez ci-joint mon règlement sous forme de chèque bancaire.

Je vous serais très reconnaissant de bien vouloir m'en confirmer réception et de me faire parvenir mon attestation d'assurance dès que possible.

Vous en remerciant par avance, je vous prie d'agréer, Messieurs, l'expression de ma parfaite considération.

Olivier Gérard

63 Insurance

Refusal to meet claim

Ms D Leach
29 Janison Avenue
York

Dear Ms Leach

RE: CLAIM NO. JH 8576/HY

We acknowledge receipt of your claim form (reference JH 8576/HY) for water damage to your stock on the night of 27 March. We regret, however, that we are unable to meet the claim, as our policy (section 3, paragraph 5) specifically excludes this form of damage, particularly since the premises were unoccupied for a period of two weeks before the damage occurred.

Yours sincerely

P Hartwell

63 Assurance

Refus d'allocation d'indemnités

Mme D. Loque,
29 avenue des Acacias,
14800 Deauville,

Lyon, vendredi 10 avril 199-

Objet: Demande d'indemnités JH 8576/HY

Chère Madame,

Nous accusons réception de votre demande d'indemnités pour les dommages causés par les eaux à votre stock pendant la nuit du 27 mars. Nous avons cependant le regret de vous annoncer qu'il ne nous a pas été possible de l'honorer car notre police (section 3, paragraphe 5) ne couvre pas ce genre de dommages, surtout si l'on considère que les locaux étaient inoccupés pendant une période de plus de deux semaines avant le sinistre.

Nous vous adressons, chère Madame, nos salutations distinguées.

P. Halévy

64 Considering legal action

24 May 199-

Cabinet Rossignol
4 rue des Glaïeuls
75009 Paris
France

For the attention of Maître Patelin

Dear Maître Patelin

Your name was given to us by Robert Mackenzie of Canine Crunch Ltd for whom you acted last year.

We have a complaint against the French newspaper *The Daily Rocket* who have, in our opinion, seriously defamed us in the enclosed article dealing with the closure of our plant at Roissy-en-France.

We would wish to take legal action against the said journal but first would like to have your professional advice on the strength of our case. Could you also let us know how long our case might run and give us an idea of the likely scale of our legal costs.

Yours sincerely

Lionel E Bone
Managing Director

Enc.

64 Informer du désir d'intenter une action en justice

Cabinet Rossignol,
4, rue des Glaïeuls,
75009 Paris
France

West Hampstead, le 24 mai 199-

A l'attention de Maître[1] Patelin

Cher Maître,

Votre nom nous a été communiqué par Robert Mackenzie de chez Canine Crunch Ltd pour qui vous avez travaillé l'année dernière.

Nous avons une plainte à formuler contre le journal *La Fusée* qui nous a sérieusement diffamés dans l'article que nous joignons à cette lettre concernant la fermeture de notre usine de Roissy-en-France.

Nous désirons intenter une action en justice contre ledit journal mais nous aimerions tout d'abord avoir votre avis professionnel concernant la solidité de notre cas. Pourriez-vous également nous faire savoir la durée probable de cette action et nous donner une idée du montant des frais judiciaires que cette poursuite pourrait engendrer.

Vous en remerciant par avance, veuillez recevoir, cher Maître, nos salutations distinguées.

Lionel E. Bone
Président Directeur Général

P.J.: article

1   Title and form of address for a lawyer.

65 Requesting information on setting up a plant abroad

23 May 199-

Office Notarial
84 rue du Grand Pineau
85000 Olonnes sur Mer
France

Dear Sirs

Our company is proposing to set up a dairy produce processing plant in western France and we would like you to find us a suitable site.

We need either freehold or leasehold premises of 2,000 square metres on a plot with easy access for large vehicles.

Can you help us in finding the site and act for us in its acquisition? This is our first venture into France so we would appreciate any additional information about property purchase or leasing that you could send us.

Yours faithfully

Arthur Sturrock
Managing Director

65 Demande d'informations au sujet de l'implantation d'une usine à l'étranger

Office Notarial,
84 rue du Grand Pineau,
85000 Olonnes-sur-Mer,
France

Ludlow, le 23 mai 199-

Messieurs,

Notre société se propose de créer une usine productrice de produits laitiers dans l'ouest de la France et nous aimerions trouver un site propice.[1]

Nous désirerions des locaux de 2000 mètres carrés, qu'il s'agisse d'une propriété foncière libre de toute obligation ou d'une propriété louée à bail, sur un terrain d'accès facile aux gros véhicules.

Vous serait-il possible de nous aider à trouver ce site et d'agir en notre nom lors de l'acquisition? Ceci est notre première implantation[2] en France et nous vous serions très reconnaissants de bien vouloir nous donner toutes les informations en votre possession concernant l'achat ou la location de propriétés foncières.[3]

Dans l'attente de votre réponse, veuillez recevoir, Messieurs, nos salutations distinguées.

Arthur Sturrock
Président Directeur Général

1 Literally, 'propitious'.
2 Literally, 'setting up'.
3 *Foncier* relates essentially to leasing land.

66 Complaint about delay in administering an account

18 September 199-

Société Bancaire Générale
4 boulevard Leclerc
76200 Dieppe
France

For the attention of the Manager

Dear Sir

RE: ACCOUNT NO. 654231

We have received the July statement of our above account no. 654231 and are surprised that the balance shown is so low.

We have been assured by two of our major customers, Alligand SA and Berthaud Etains, that they settled large outstanding invoices by bank transfer to that account four weeks and five weeks ago respectively.

Will you please check very carefully and let us know by fax the exact balance of our account. If as we think, work is being processed by you in a dilatory fashion, please could you let us know the reason for this.

Yours sincerely

Eric Smith
Finance Director

66 Plainte concernant un retard de gestion d'un compte

Société Bancaire Générale,
4, boulevard Leclerc,
76200 Dieppe,
France

Blackburn, le 18 septembre 199-

A l'attention du Directeur

Concerne: Compte no. 654231

Monsieur,

Nous venons de recevoir notre relevé de compte du mois de juillet et sommes surpris de constater que le solde soit[1] si bas.

Deux de nos plus gros clients, Alligand S.A. et Berthaud Etains, nous assurent qu'ils ont bien réglé leurs factures arriérées dont le montant était très important. Ce règlement a été effectué par virement bancaire sur le compte cité en référence il y a respectivement quatre et cinq semaines.

Vous serait-il possible de vérifier très consciencieusement les opérations de notre compte et de nous en faire parvenir par fax le solde exact? Nous vous serions très reconnaissants de bien vouloir nous faire connaître les raisons de cette erreur, si, comme nous le pensons, tel est le cas.

Veuillez agréer, Monsieur, l'assurance de notre parfaite considération.

Eric Smith
Directeur Financier

1   Subjunctive.

67 Complaint about mail delivery

19 November 199-

The Central Post Office
Place Centrale
53000 Laval
France

Dear Sirs

We have made some enquiries in England and it appears that there are serious delays in the delivery of our mail to our subsidiary in Cossé le Vivien which are being caused at the Laval sorting office.

Since our business is being seriously inconvenienced by postal delays we would be most grateful if you could look into the matter.

It should not take 10 days for orders and invoices to get from us to our colleagues in Cossé. You will find enclosed a sample mailing with dates clearly marked.

Yours faithfully

Jeremy P Johnson
Director

Enc.

67 Plainte au sujet de la distribution du courrier

The Central Post Office,
Place Centrale,
53000 Laval,
France

Bridlington, le 19 novembre 199-

Messieurs,

Nous avons fait une enquête en Angleterre et il semble qu'il y ait[1] d'importants retards dans la distribution de notre courrier adressé à notre filiale de Cossé le Vivien. Il semble que les problèmes viennent du centre de tri de Laval.

Du fait que nos activités sont sérieusement perturbées par les retards postaux, nous vous serions très reconnaissants de bien vouloir redresser la situation.

Il ne devrait pas prendre plus de 10 jours à nos commandes et factures pour arriver à nos collègues de Cossé à partir d'ici. Vous trouverez ci-joint un exemple de courrier affranchi dont les dates sont clairement inscrites.

Vous en remerciant par avance, nous vous prions d'agréer, Messieurs, l'assurance de notre parfaite considération.

Jeremy P. Johnson
Directeur

P.J.: exemple de courrier

1 Subjunctive.

68 Complaint about wrong consignment of goods

21 September 199-

Dessous Dessus
14 rue Legrand
80000 Amiens
France

For the attention of Mr A Malraux

Dear Mr Malraux

RE: INVOICE NO. 13322/08/92

We regret to inform you that the garments you sent us in your consignment of 25 August were not what we had ordered.

Please refer to our order (copy enclosed) and to your invoice (N.13322/08/92). You will see that the briefs, slips and bras are mostly the wrong sizes, colours and materials.

We are at a loss to explain this departure from your normally reliable service. Will you please contact us immediately so that we can put matters right?

Yours sincerely

Fred Smith
Manager

Enc.

68 Plainte au sujet de l'envoi des mauvaises marchandises

Dessous Dessus
14, rue Legrand,
80000 Amiens,
France

Wolverhampton, le 21 septembre 199-

A l'attention de Mr Malraux

Objet: facture no. 13322/08/92

Cher Monsieur,

Nous regrettons d'avoir à vous informer que les articles que vous nous avez envoyés le 25 août n'étaient pas ceux que nous avions commandés.

Nous vous demandons de bien vouloir vous reporter à notre commande (copie ci-jointe) et à votre facture (no. 13322/08/92). Vous verrez que les slips, jupons et soutiens-gorge ne sont pas de la taille, des couleurs et des qualités de tissus demandées.

Nous sommes vraiment étonnés d'avoir pu constater de telles erreurs alors que vous êtes d'habitude si compétents. Vous serait-il possible de nous contacter dans les plus brefs délais afin de pouvoir rectifier ce malentendu?

Veuillez agréer, cher Monsieur, l'expression de nos salutations distinguées.

Fred Smith
Directeur

P.J. (1): Copie de notre bon de commande

69 Complaint about damage to goods

3 April 199-

Transports Transmanche SA
Quai des Brumes
14000 Caen
France

For the attention of Mr Gérard Dispendieux

Dear Monsieur Dispendieux

We have received a complaint from John Ferguson of Amex Insurance concerning the company's removal to Beauvais three weeks ago. You will remember that we subcontracted this removal to your company.

Mr Ferguson claims that several of the items of furniture and office equipment were damaged on arrival at the premises in Beauvais.

Although he immediately complained to your deliverymen, he has still not heard from you. In the interests of our future business relations I would be grateful if you could clarify this situation.

Yours sincerely

Gerald Wagstaffe
French Area Manager

69 Plainte au sujet de dégâts subis par des marchandises

Transports Transmanche S.A.,
Quai des Brumes,
14000 Caen,
France

Birmingham, le 3 avril 199-

A l'attention de Mr Gérard Dispendieux

Cher Monsieur,

Nous avons reçu une plainte de John Ferguson des Assurances Amex concernant leur déménagement à Beauvais voici maintenant trois semaines. Vous vous souviendrez certainement que nous avons sous-traité ce déménagement à votre entreprise.

Mr Ferguson se plaint d'avoir constaté que plusieurs meubles et du matériel de bureau étaient endommagés à leur arrivée dans les locaux de Beauvais.

Bien qu'il ait[1] formulé une plainte immédiatement à votre livreur, il n'a toujours pas eu de vos nouvelles.[2] Dans l'intérêt de nos relations professionnelles, je vous serais très reconnaissant de bien vouloir rectifier la situation.

Veuillez agréer, cher Monsieur, l'expression de notre parfaite considération.

Gerald Wagstaffe
Directeur du secteur France

1 Subjunctive.
2 Literally, 'news from you'.

70 Informing customers that a company has been taken over

24 July 199-

Produits Chimiques SA
89 rue Jules Barni
80330 Longueau
France

Dear Sirs

Thank you for your order dated 17 July. We have to inform you, however, that our company has recently been taken over by a larger concern, INTERNATIONAL CHEMICALS Inc.

As a result of this, we are sorry to tell you that we no longer produce the polymers that you request at this site. We have, however, passed on your order to our parent company and are confident that you will be contacted soon.

In the interests of our future business relations we enclose the latest catalogue of our total range of products, indicating which subsidiary manufactures which product.

Yours faithfully

Frederick Herriot
Plant Director

Enc.

70 Informer la clientèle que l'entreprise a été reprise

> Produits Chimiques S.A.,
> 89, rue Jules Barni,
> 80330 Longueau,
> France
>
> Knottingley, le 24 juillet 199-

Messieurs,

Nous vous remercions de la commande que vous nous avez passée le 17 juillet. Nous devons vous informer que notre entreprise vient d'être reprise par une grande société: International Chemicals Inc.

De ce fait, nous avons le regret[1] de vous annoncer que nous ne produisons plus les polymères que vous nous demandez. Nous avons cependant fait suivre votre commande à notre société mère et sommes sûrs que l'on vous contactera d'ici peu.

En vue d'entretenir nos relations commerciales, vous trouverez ci-joint notre dernier catalogue exposant notre gamme complète, vous indiquant également le lieu de production de chaque produit.

Nous vous prions de croire, Messieurs, à l'expression de nos sentiments distingués.

Frederick Herriot
Directeur de l'usine

P.J. (1): Catalogue

1 Literally, 'we (have the) regret to'.

71 Informing customers of change of name and address

EUROPEAN COMMERCIAL INSURANCE Ltd
47 Broad Walk
Preston
Lancashire United Kingdom

(Formerly PRESTON INSURERS Inkerman Street, Preston)

1 June 199-

The Export Manager
Nouveaux Textiles
342 chaussée Baron
59100 Roubaix
France

Dear Sir

RE: CHANGE OF COMPANY NAME AND ADDRESS

We are writing to all our valued customers to inform them of our change of registered name and address.

We are still located in Preston and operating as commercial insurers as before. However, we have acquired new partners who have invested fresh capital in the business.

It is our firm intention to increase our European business, hence the new name. Enclosed is our brochure setting out our range of services and tariffs. Do not hesitate to contact us if you have any queries about these changes.

Yours faithfully

Nancy Wilton
Customer Liaison Manager

Enc.

71 Informer la clientèle d'un changement de nom et d'adresse

EUROPEAN COMMERCIAL INSURANCE Ltd,
47 Broad Walk
Preston
Lancashire
United Kingdom

(Anciennement PRESTON INSURERS Inkerman Street, Preston)

> Directeur du Service Export,
> Nouveaux Textiles,
> 342 chaussée Baron,
> 59100 Roubaix,
> France.
>
> Preston, le 1er juin 199-[1]

Monsieur,

Nous écrivons à toute notre fidèle clientèle afin de l'informer de notre changement de nom déposé[2] et d'adresse.

Nous sommes toujours à Preston et exerçons toujours en tant qu'assureurs. Toutefois, nous avons de nouveaux associés qui ont investi de nouveaux capitaux dans notre entreprise.

Nous avons la ferme intention de développer nos affaires en Europe, d'où notre nouveau nom. Vous trouverez ci-joint notre brochure exposant notre gamme de services et nos tarifs. N'hésitez pas à nous contacter pour toutes informations concernant ces modifications.

Nous vous prions d'agréer, Monsieur, l'expression de nos sentiments respectueux.

Nancy Wilton
Directeur de la communication avec la clientèle

P.J. (2): Brochure
        Liste des tarifs

1 Remember that in dates 'the first' is *le premier*, but 'the second', 'third', 'twelfth' etc. are *le deux, trois, douze* and so on.
2 Cf. *marque déposée*: 'registered brand name'.

72 Informing customers of increased prices

2 November 199-

Epicerie Fine
9 rue Dutour
72100 Le Mans
France

Dear Monsieur Olivier

In reply to your letter of the 5th I am sending you a new price list.

You will note that all of our prices have increased by some 6.3 per cent. This was unfortunately made necessary by our continuing inflation as well as the British Chancellor's recent decision to increase the general rate of VAT to 17.5 per cent.

I hope that the quality of our produce will continue to engage your loyalty. (It is also the case that the pound sterling has reduced in value against the franc.)

Yours sincerely

Michael McDermott
Marketing Manager

Enc.

72 Informer la clientèle d'une augmentation des prix

Epicerie Fine,
9 rue Dutour,
72100 Le Mans,
France.

Birmingham, le 2 novembre 199-

Cher Monsieur,

En réponse à votre lettre du 5 novembre, nous vous envoyons la liste de nos nouveaux tarifs.

Vous remarquerez que tous nos nouveaux prix ont subi une augmentation de 6,3%. Celle-ci est malheureusement due à une inflation en hausse constante ainsi qu'à la décision du Ministre des Finances britannique d'augmenter la TVA qui s'élève maintenant à 17,5%.

Nous espérons que vous nous resterez fidèle grâce à la qualité de nos produits. (Il est à noter aussi que la livre sterling a subi une baisse de valeur par rapport au franc français.)

Nous vous prions d'agréer, cher Monsieur, nos sentiments respectueux et dévoués.

Michael McDermott
Directeur Commercial

Annexe: liste des nouveaux tarifs

73 Requesting information about opening a business account

23 October 199-

The Manager
Crédit Mercantile
89 rue Béranger
69631 VÉNISSIEUX
France

Dear Sir

We are proposing to open an office and refrigerated storage facility at Vénissieux in the new year and would appreciate some information about opening a bank account at your branch.

Initially we would be transferring funds to finance the setting up of our new business premises. Thereafter we would expect to use the account to receive payments from French customers and to pay local suppliers etc.

We would be most grateful if you could inform us of all the formalities that we need to observe, both public and particular to Crédit Mercantile. Could you also inform us of your charges on business accounts?

Yours faithfully

Eric Wise
Commercial Manager

73 Demande de renseignements concernant l'ouverture d'un compte bancaire pour entreprise

Monsieur le Directeur,
Crédit Mercantile
89 rue Brager
69631 Vénissieux,
France

Melton Mowbray, le 23 octobre 199-

Monsieur,

Nous pensons ouvrir un bureau et un local[1] réfrigérant à Vénissieux d'ici l'année prochaine et nous aimerions obtenir des informations concernant l'ouverture d'un compte bancaire dans votre agence.

Pour commencer, nous transférerions les fonds servant à financer les locaux de notre nouveau commerce. Ensuite, le but de ce compte serait de recevoir les règlements de nos clients français, de payer nos fournisseurs locaux etc.

Nous vous serions très reconnaissants de bien vouloir nous informer de toutes les formalités que nous devrons observer, tant publiques que[2] particulières au Crédit Mercantile. Pourriez-vous également nous renseigner sur les frais incombant aux comptes commerciaux.

Vous en remerciant par avance, je vous prie d'agréer, Monsieur, l'assurance de nos meilleurs sentiments.

Eric Wise
Directeur Commercial

1 *Un local*: 'premises'.
2 *Tant ... que*: 'both ... and'.

74 Requesting information about opening a personal bank account

4 November 199-

The Manager
Banque Nationale
146 boulevard Haussmann
75016 Paris
France

Dear Sir

My British employers are posting me to their French subsidiary as of the beginning of January. I will therefore be moving to Paris with my family and I expect to be resident in France for two years.

I would be grateful if you could inform me about opening a personal current account at your bank. My salary would be paid into the account and both my wife and myself would wish to draw money from it and to pay bills by cheque etc. We may also wish to transfer money to a bank account in England.

Please send me any documentation you have.

Yours faithfully

Stuart Smith

74 Demande d'information concernant l'ouverture d'un compte personnel

> Le Directeur,
> Banque Nationale,
> 146, boulevard Haussmann,
> 75016 Paris,
> France
>
> Altrincham, le 4 novembre 199-

Monsieur,

Muté par mon employeur britannique, je travaillerai dans sa filiale française à partir de début janvier. Ainsi je serai dans l'obligation de déménager à Paris avec ma famille et je devrai résider en France pendant deux années.

Je vous serais très reconnaissant de bien vouloir me renseigner au sujet de l'ouverture d'un compte personnel au sein de votre banque. Mon salaire serait versé sur ce compte et j'aimerais que ma femme puisse[1] y faire les mêmes opérations que moi-même: retirer de l'argent, payer les factures, émettre des chèques,[2] etc. Il se pourrait que nous voulions[1] également faire des virements sur notre compte bancaire en Angleterre.

Je vous serais donc très reconnaissant de bien vouloir m'envoyer toute la documentation disponible à ce sujet.

Vous en remerciant par avance, je vous prie de recevoir, Monsieur, mes salutations distinguées.

Stuart Smith

1 Subjunctives.
2 'Withdraw money', 'pay bills', 'issue cheques', etc.

75 Letter re overdrawn account

9 March 199-

Mr J H Duke
47 Narrow Bank
Lichfield
Staffordshire

Dear Mr Duke

We regret to inform you that your account, number 62467840, is overdrawn by £21.09.

We would appreciate your rectifying this situation as soon as possible since you have no overdraft arrangement with us.

Yours sincerely

F E Jones
Manager

75 Lettre au sujet d'un compte à découvert

> Monsieur J. Duhameau,
> 47 rue Gambetta,
> Bergerac
>
> Bergerac, le 9 mars 199-

Monsieur,

Nous avons le regret de vous informer que votre compte numéro 62467840 est à découvert d'un montant de 221,09 francs.

Nous vous serions très reconnaissants de bien vouloir régulariser cette situation dans les plus brefs délais car vous n'avez pas fait de demande d'autorisation de découvert.

Vous en remerciant, nous vous prions d'agréer, Monsieur, l'assurance de notre parfaite considération.

J.-F. Janneau
Directeur

76 Bank's letter to customer

2 May 199-

Mr Bernard J Mann
4 Beauchamp Mews
London SW3 6LZ
England

Dear Mr Mann

We are writing to inform you that we have today received a cheque payable to you for the sum of $124,035.00 and sent by J et P Barraud Notaires, 307 rue du Château, Luxembourg.

Can you please confirm as soon as possible that you were expecting this deposit and let us know your instructions concerning it?

Enclosed is a photocopy of this cheque and its accompanying letter.

Yours sincerely

Amélie Dupont
Head Cashier

Encs

76 Lettre d'une banque adressée à un client

M. Bernard J. Mann,
4 Beauchamp Mews,
London SW3 6LZ,
England

Vannes, le mercredi 2 mai, 199-

Cher Monsieur,

Nous vous écrivons pour vous informer que nous venons de recevoir un chèque d'un montant de $ 124 035,00 libellé à votre nom et émis par J. et P. Barraud Notaires, demeurant 307 rue du Château, Luxembourg.

Nous vous serions très reconnaissants de bien vouloir nous confirmer que vous attendiez bien ce chèque et de nous donner vos instructions.

Vous trouverez ci-joint une photocopie du chèque et de la lettre l'accompagnant.

Dans l'attente de vos instructions, nous vous prions de recevoir, cher Monsieur, nos salutations distinguées.

Amélie Dupont
Caissière principale

P.J. (2): – Photocopie du chèque reçu
          – Photocopie de la lettre accompagnant ce chèque

77 General query about banking

Monsieur J. Delor
Président-Directeur Général
Mouton-Poulenc
7 rue du Trocadéro
75016 Paris
France

Dear Sir

In response to your general query about banking in England there are two main types of bank, merchant banks and commercial banks. The former are very numerous and deal with companies generally. The latter are mainly the four big groups, Lloyds, National Westminster, Barclays and Midland.

The enclosed leaflet will give you further details, including information about banking in Scotland. Our office is mainly concerned with complaints about banks.

You should note that The Post Office in England also has some banking and money transfer facilities.

I hope that the enclosed information is of use to you.

Yours faithfully

C D Prettyman
For the Ombudsman

Enc.

77 Demande d'informations d'ordre général concernant les opérations bancaires courantes

Monsieur J. Delor,
Président Directeur Général,
Mouton-Poulenc,
7, rue du Trocadéro,
75016 Paris,
France

Londres, le 28 mai 199-

Monsieur,

En réponse à votre demande de renseignements concernant les opérations bancaires courantes en Angleterre, il faut savoir qu'ici il y a deux types de banques, les banques d'affaires et les banques de dépôt. Les premières sont très nombreuses et traitent avec les entreprises en général. Les autres sont constituées pour la plupart des quatre groupes principaux: Lloyds, National Westminster, Barclays et Midland.

La brochure ci-jointe vous donnera de plus amples informations, y compris des renseignements au sujet des opérations bancaires courantes en Ecosse. Notre bureau se charge principalement des plaintes au sujet des banques.

Nous tenions également à vous faire savoir que la Poste anglaise réalise aussi des opérations bancaires et peut effectuer des virements.

En espérant que les informations apportées vous seront utiles, nous vous prions d'agréer, Monsieur, l'expression de nos sentiments respectueux.

C. D. Prettyman
Pour le Médiateur

P.J. (1): Brochure

78 Enquiry about post office banking facilities

2 February 199-

La Poste Centrale
Place du Général De Gaulle
16000 Angoulême
France

Dear Sirs

I am intending to open a second business in Angoulême and would like to enquire what services you offer to small businesses.

I have in mind giro banking; can you tell me how your post office bank accounts work? Secondly, is it to you that I should apply to have a telephone? Thirdly, do you have special rates for business mail?

I would be most grateful for any information you can send me.

Yours faithfully

Mostyn Evans
Proprietor

78 Demande de renseignements au sujet des opérations bancaires courantes réalisées par la Poste

La Poste Centrale,
Place du Général de Gaulle,
16000 Angoulême,
France

Pontypridd, mardi 2 février 199-

Messieurs,

J'ai l'intention d'ouvrir une seconde affaire à Angoulême et j'aurais aimé savoir[1] quels sont les services bancaires que vous offrez aux petites entreprises.

Je pensais aux comptes-chèques postaux.[2] Vous serait-il possible de m'expliquer le fonctionnement de vos comptes d'opérations bancaires? Etes-vous l'organisme que je dois contacter afin d'obtenir un téléphone? Offrez vous des tarifs préférentiels pour l'affranchissement du courrier d'entreprise?

Je vous serais très reconnaissant de bien vouloir me faire parvenir toute information que vous pourriez juger utile.

Vous en remerciant par avance, je vous prie d'agréer, Messieurs, mes respectueuses salutations.

Mostyn Evans
Propriétaire

1 Literally, 'I would have liked to know'.
2 Abbreviated as *CCP*.

79 Enquiry about opening a post office account

8 March 199-

Bureau Central
Postes et Télécommunications
Paris
France

Dear Sirs

I do not know exactly who to write to but hope nevertheless that this letter will reach the right service.

I would like to obtain information about opening a Post Office account to enable my French customers to settle my invoices in France and permit me to pay certain of my French suppliers by cheque.

I would be grateful if you would inform me of the formalities involved and send me the necessary forms.

Yours faithfully

Eric Clifford
Managing Director

79 Demande de renseignements au sujet de l'ouverture d'un compte-chèques postaux

Bureau Central,
Postes et Télécommunications,
Paris,
France

Wirral, lundi 8 mars 199-

Messieurs,

Je ne sais malheureusement pas à quel service écrire exactement et espère néanmoins que cette lettre atteindra la personne à même de me répondre.

J'aurais aimé obtenir des renseignements concernant l'ouverture d'un compte-chèques postaux afin de permettre à mes clients français de régler mes factures en France, tout en me permettant de payer certains de mes fournisseurs par chèque.

Je vous serais très reconnaissant de bien vouloir m'informer des formalités à remplir et de bien vouloir me faire parvenir les formulaires nécessaires à l'ouverture du compte correspondant à mes besoins.

Vous en remerciant par avance, je vous prie d'agréer, Messieurs, mes salutations distinguées.

Eric Clifford
Directeur Général

80 Opening poste restante

26 March 199-

La Poste Centrale
Place Bellecour
69001 Lyon
France

Gentlemen

We are in the process of moving our French subsidiary from Villeurbanne to Saint Priest; the move should be completed at some time in the next month.

We would like to ask you on receipt of this letter, and until further notice, to retain all mail addressed to us poste restante at your central office.

Please inform us if there are any other formalities to observe. Enclosed is an addressed envelope and international reply coupon for your reply.

Thank you in advance.

Arthur T Goldberg
On behalf of Software Supplies Inc.

Enc.

80 Demander le service Poste Restante

Poste Centrale,
Place Bellecour
69001 Lyon,
France

New York, le 26 mars 199-

Messieurs,

Nous sommes actuellement en phase de déménagement. En effet, nous déplaçons notre filiale de Villeurbanne à Saint-Priest. Le déménagement devrait être terminé dans le courant du mois prochain.

Nous aimerions vous demander s'il vous serait possible, et ceci à partir du moment où vous recevrez[1] cette lettre et jusqu' à nouvel ordre, de garder tout le courrier qui nous est adressé poste restante dans vos bureaux de la poste centrale.

Veuillez nous informer de toutes autres formalités auxquelles nous devrions nous conformer.[2] Vous trouverez ci-joint une enveloppe adressée et un coupon-réponse international pour votre réponse.

Vous en remerciant par avance, je vous prie d'agréer, Messieurs, l'expression de ma parfaite considération.

Arthur T. Goldberg
Pour Software Supplies Inc

P.J.: Enveloppe adressée et coupon-réponse international

1 Literally, 'will receive'.
2 Note the use of the reflexive verb *se conformer*: 'to adapt oneself'.